Josef Bordat

Würde, Freiheit, Selbstbestimmung

Konzepte der Lebensrechtsdebatte auf dem Prüfstand

Für

Claudia Sperlich

* * *

In dankbarem Gedenken an

Eberhard Schockenhoff,

der am 18. Juli 2020 verstarb.

© 2020 Josef Bordat

Verlag & Druck:
tredition GmbH, Halenreie 40-44, 22359 Hamburg

ISBN: 978-3-347-08420-9 (Paperback)
ISBN: 978-3-347-08421-6 (Hardcover)
ISBN: 978-3-347-08422-3 (E-Book)

Bibliografische Information der Deutschen Nationalbibliothek:
Die Deutsche Nationalbibliothek verzeichnet diese Publikation
in der Deutschen Nationalbibliografie; detaillierte bibliografische Daten sind im Internet über http://dnb.d-nb.de abrufbar.

Die Würde des Menschen kommt jedem Menschen unbedingt zu. Sie wird dem Menschen nicht von anderen Menschen zuerkannt, sie ist unmittelbar Ausdruck seines Menschseins. Für Christen ist dieses Menschsein Geschöpflichkeit: Der Mensch erhält als Abbild Gottes seine Würde vom Schöpfer.

***

Die Freiheit des Menschen ist keine absolute, sie ist gebunden an die moralische Pflicht zum Guten, an die Verantwortung vor dem Menschen und – für Christen – auch und insbesondere vor Gott. Nur in dieser Bindung ist Freiheit vernünftig realisierbar.

***

Für Christen ist das Leben heilig und unbedingt schützenswert. Die Autonomie des Menschen endet an der Grenze dieser Heiligkeit – auch im Hinblick auf das eigene Leben. Selbstbestimmung in Fragen des Lebens und Sterbens droht zur Fremdbestimmung zu werden – der Druck auf kranke und alte Menschen nimmt zu.

Vorwort

Seit einigen Jahren beschäftige ich mich aus bioethischer Perspektive mit Fragen des Lebensschutzes. Das sollte nicht überraschen. Die Themen Abtreibung und Sterbehilfe, die Frage des moralischen Status des Embryo, Vorstellungen des richtigen Umgangs mit Kranken, Behinderten, Alten, Dementen, Sterbenden und Ungeborenen sind grundlegend für Philosophie und Theologie gleichermaßen. Der richtige Umgang mit dem Menschen ist die zentrale ethische Fragestellung; Moral ist eine menschliche Umgangsform.

Die Anthropologie geht der Ethik voraus, weil sie Vorentscheidungen trifft hinsichtlich des Gegenstands, zu dem sich moralisch verhalten werden soll. Wenn ich nicht über das Leben und den Menschen nachdenke, hat es auch keinen Zweck, über Wissenschaft und Forschung, Wirtschaft und Arbeit, Politik und Publizistik, Kultur und Kunst nachzudenken. Immanuel Kant hat die Frage „Was ist der Mensch?" als die Synthese aller philosophischen Bemühung betrachtet, als Ausgangs- und Fluchtpunkt zugleich für Epistemologie, Ethik und Ästhetik. Grund genug, Lebensrechtsfragen in den Mittelpunkt zu stellen.

Es waren schließlich zwei Gerichtsbeschlüsse, die mich ganz konkret motiviert haben, zum Thema Lebensschutz bzw. Lebensrecht einige Gedanken in Buchform zusammenzutragen. Denn es waren zwei bahnbrechende Beschlüsse, Entscheidungen, die nicht nur Rechtsverhältnisse ändern, sondern auch moralische Grundeinsichten ins Wanken bringen, die bislang unhinterfragt das Fundament unser christlich-humanistischen Axiologie bildeten:

Erstens, dass man Menschen aus Liebe und wohlverstandener medizinisch-pflegerischer Professionalität im natürlichen Prozess ihres Sterbens hilft, statt ihnen – gegen Gebühr – beim Sterben zu helfen, indem man ihnen zu sterben hilft. Anders sieht es das deutsche *Bundesverfassungsgericht* im Beschluss vom 26. Februar 2020 (Aschermittwoch).

Und zweitens, dass man immer zunächst im Sinne des Lebens agieren soll, wenn man die Wahl hat, und alles so auszulegen ist, dass es dem Leben und dessen Erhalt bestmöglich dient. Anders sieht es der niederländische *Hoge Raad* im Beschluss vom 21. April 2020.

Höchstrichterliche Urteile gilt es im Rechtsstaat zu akzeptieren; das ist eine Grundbedingung für dessen funktionieren. Doch auch gegen Urteile höchster Gerichte kann sich das Gewissen sträuben – und in meinem Fall tat es dies. So sehr, dass ich mich fast genötigt sah, meine Position darzulegen.

Ich wähle dabei den Ansatz, die sachlichen Themen Abtreibung und Sterbehilfe den Begriffen ein- und unterzuordnen, die die Debatte um diese Themen wesentlich prägen: Würde, Freiheit, Selbstbestimmung. Eine Analyse dieser Konzepte und ihrer Beziehung zueinander fördert die Irrtümer zutage, mit denen ihre wohlfeile Verwendung heute oft behaftet ist – Irrtümer aus Sicht des christlichen Glaubens, aber auch aus Sicht der philosophischen und theologischen Tradition.

Noch ein philologischer Hinweis: Es handelt sich bei dem Text um einen Essay, bei dessen Abfassung ich meinen Gedanken relativ freien Lauf ließ. Ich habe nicht jeden dieser Gedanken hergeleitet, obgleich mir bewusst ist, wie voraussetzungsreich einige Argumentationsfiguren sind. Auf vertiefende Darlegungen habe ich zugunsten eines schlanken Umfangs verzichtet, obgleich an der einen oder anderen Stelle ein Exkurs der Erläuterung dienen soll. Dazu gehört auch, dass vieles „aus dem Kopf" zitiert wurde und Nachweise nur oberflächlich erfolgen, weil ich ohne Fußnoten auskommen wollte und eine wissenschaftlich korrekte Zitation im Fließtext störend gewesen wäre.

Es kostete Sie, liebe Leserin, lieber Leser, insofern einige Mühe, die Zitate im Original aufzufinden. Sollten Sie zu einem Zitat die exakte Stelle in den im Literaturverzeichnis genannten Werken nicht finden, helfe ich Ihnen gerne mit genaueren Angaben weiter.

Ein Blick in meine Bücher zur Ethik (2009), zum Gewissen (2013) und zum Grundgesetz (2019) kann hilfreich sein, die Hintergründe meiner Gedankengänge auszuleuchten.

Berlin, im Juli 2020   Josef Bordat

Inhalt

Einleitung

Wer im Internet nach „Hilfe" im Kontext von „Selbstmord"
bzw. „Suizid" sucht, bekommt neben der Telefonseelsorge und
Psychotests zunehmend auch die Angebote von kommerziellen
Sterbehilfeorganisationen angezeigt. Die Entscheidung des
Bundesverfassungsgerichts zum § 217 StGB hat diese Art der
„Hilfe" für suizidale Menschen grundsätzlich möglich ge-
macht.

Auch wenn das Thema Sterbehilfe vor allem im Kontext
schwerer Erkrankungen und älterer Menschen diskutiert wird,
zeigt sich doch hier eine gewisse Entgrenzung. Dahinter steht
die Normalisierung des Suizids (als „Freitod" verklärt bzw.
missverstanden) unter dem Paradigma der Würde und
Selbstbestimmung.

Würde, Freiheit, Selbstbestimmung – mit diesem Dreiklang
bewerben die Sterbehilfeorganisationen ihr Angebot. Es geht –
das zur Erinnerung – immer noch darum, Menschen auf
Wunsch und Verlangen zu Tode zu bringen. Dieses Handwerk
entspreche dem Wesen seiner Würde, verwirkliche ein
Maximum an Freiheit, sei gleichsam höchster Ausdruck der
Selbstbestimmung. So die Befürworter der Sterbehilfe.

Auch bei der Frage der Abtreibung spielen diese Konzepte eine
Schlüsselrolle: „Mein Bauch [und alles, was da drin ist] gehört
mir!" Die Würde des Menschen wird auch in diesem Fall an-
geführt: die Würde der Frau, zu der es gehöre, über ihren
Körper selbstbestimmt entscheiden zu dürfen. Wer wollte da
widersprechen. Dass Zeitpunkt und Ausmaß der Entscheidung

die Abtreibung zum moralischen Problem werden lassen, wird dabei gerne übersehen.

Festzuhalten ist: Die Menschenwürde wird in beiden Fällen zum Gegenstand der Freiheit und Selbstbestimmung; sowohl die eigene Würde (Suizid) als auch die Würde des Kindes (Abtreibung) – lassen sich daran bemessen, wie frei und selbstbestimmt der Mensch entscheidet. Soweit die heute fast ausnahmslos anzutreffende Interpretation der Begriffe Würde, Freiheit, Selbstbestimmung.

Es geht dabei ideengeschichtlich um die Befreiung von alten (und daher: „falschen") Moralvorstellungen als Akt der Selbstbestimmung zur Erlangung dessen, was diese Vorstellungen nur verheißen, nicht aber verwirklichen: Menschenwürde. Ist dieser Gedankengang vom philosophischen Gehalt der benutzten Konzepte gedeckt? Was lässt sich aus Sicht der christlichen Anthropologie und Ethik erwidern? Prüfen wir die Begriffe – vor dem Hintergrund ihres lebensrechtlichen Verwendungskontexts in den Debatten über Abtreibung und Sterbehilfe.

Die Begriffe Würde, Freiheit und Selbstbestimmung sind so eng miteinander verzahnt (ohne ineinander aufzugehen!), dass die Gliederung der Abhandlung nur pragmatische Gründe hat. Dass ich die Würde voranstelle, ist ihrer Bedeutung geschuldet: Das Thema Würde spielt für die Sicht auf Freiheit und Selbstbestimmung eine überragende Rolle.

Würde

„Ich möchte in Würde sterben, – und zwar, wann ich will." –
„Ich möchte selbst entscheiden, wann ich gehe – das ist Ausdruck meiner Würde." – „Ich möchte niemandem zur Last fallen, der Gedanke daran beschämt mich." – „Ich möchte nicht entwürdigend behandelt werden, von Pflegern unter Zeitdruck." – „Es nähme mir meine Würde, wenn man mich in Windeln packen müsste."

Äußerungen, die so oder ähnlich im Kontext der Sterbehilfedebatte zu hören und zu lesen sind. Sie sind verständlich und nachvollziehbar – und widersprechen doch dem Begriff der Würde diametral. Denn es verfehlt die Grammatik der Würde, sie unter bestimmten Umständen zu verneinen oder auch nur als negierbar anzunehmen.

Würdezuschreibung und Würdevorstellung

Es ist gerade die Voraussetzungslosigkeit der Würdezuschreibung, die das Konzept *Menschenwürde* so wertvoll macht. Auch, wenn man nichts mehr „machen" kann, ja, wenn man sich seiner selbst nicht mal mehr bewusst ist, bleibt man Mensch – mit Würde. Diese Würde kann einem niemand nehmen. Weil sie einem niemand gegeben hat. Damit hat die Würde eine Ausnahmestellung im Konzert der Rechte inne: sie ist keine konventionalistische Zuschreibung zum Mensch-Sein (wie etwa Freiheitsrechte), sondern qua Mensch-Sein ohne weiteres gegeben. Was Mensch ist, hat Würde. Punkt.

Dagegen setzen nun die Sterbehilfeapologeten: „Was Mensch ist, *bestimmt* seine Würde." Hier wird die Würde über Selbstbestimmung definiert. Würde unterliegt dem Selbstbestimmungsvorbehalt: Würde? – Gerne! Wenn und solange ich es für Würde *halte*. Ohne die Selbstzuschreibung der Würde, ergo: die Macht, sich selbst Würde zu- oder abzuerkennen, wäre es gerade umgekehrt: Würde begrenzte Selbstbestimmung. Davor will man sich hüten. Ich bestimme immer noch selbst, was Würde ist. Würde ist also nichts dem Menschen *unbedingt* Eigenes, seinem Willen damit Entzogenes, sondern etwas, das der Mensch selbst bestimmt – ganz individuell.

Würde ist aus dieser Sicht ein autonom bestimmtes Phänomen, wie es auch der Philosoph Dieter Birnbacher in seinem Testimonial für die Seite „Letzte Hilfe" ausdrückt: „Würdiges Sterben – ja, aber gemäß meinen persönlichen Würdevorstellungen". Ganz persönliche Würdevorstellungen sollen es sein. Was Würde ist, bestimme immer noch ich! Im Facebook wirbt eine Seite namens „Pro Sterbehilfe", mit knapp 800 Likes eher wenig rezipiert, um neue Fans mit dem Slogan: „Zeige, dass auch Du Respekt vor der Menschenwürde hast". Gemeint ist: vor *dieser* Menschenwürde, also vor einer Würde, deren Bedeutung man selbst gestaltet, die man selbst bestimmt, deren Verwendung damit gerade der Selbstbehauptung gegen als „überkommen" betrachtete Heteronormativität staatlicher oder religiöser Verbindlichkeit (also: „Bevormundung") dient – und damit wiederum der autonomen Selbstbestimmung. Würde und Selbstbestimmung sind in einem Wechselverhältnis angelegt, aus dem es kein Entrinnen gibt – nicht mit der Würde, sondern mit der Selbstbestimmung als Dreh- und Angelpunkt.

Wohlgemerkt: Es geht freilich immer nur um das Bestimmen des Würdebegriffs im Hinblick auf die eigene Person, also die *eigene* Würde wird selbst definiert, *nur* die eigene Würde. Autonomie-Apologeten betonen immer, dass man es auch anders sehen könne (alles andere wäre ja auch ein offener Widerspruch zur postulierten Absolutheit der Selbstbestimmung, die die Absolutheit der Würde ablösen soll). So viel Fairness muss sein. Dass hier der Begriff trotzdem falsch verstanden wird, ist offensichtlich, denn er steht und fällt ja gerade damit, dass die Würde etwas sein muss, das unbedingt, ungeachtet meiner Präferenzen und Gefühle gilt. Welchen Wert hätte sie sonst? Wie könnte man sonst den Staat auf Achtung und Schutz der Würde des Menschen verpflichten (an ganz prominenter Stelle im Grundgesetz), wenn jeder Bürger nicht nur faktisch etwas anderes darunter versteht (das gilt grundsätzlich, auch für „Freiheit", „Gerechtigkeit" etc.), sondern auch normativ etwas anderes darunter verstehen soll, kann, darf?

Umgekehrt: Wenn der Staat selbst keinen Definitionsansatz bietet, wenn auch die Kirche auf jede Interpretation verzichtet (oder beide – Staat und Kirche – auch bloß als „Subjekte" wahrgenommen werden, die eben ihre unverbindliche Meinung äußern, so wie Herr Birnbacher), sondern wenn man es völlig ins Gutdünken des Bürgers stellt, was denn nach Artikel 1, Absatz 1 Grundgesetz geachtet und geschützt werden soll, wenn der Begriff also deutungsoffen gehalten wird und keine heteronomen Vorgaben (weltliche des Staates, geistliche der Kirche) das freie Spiel der Selbstbestimmung des – in Bezug auf seine Würdekonzeption – über allem (insoweit auch über Kirche und Staat) thronenden Subjekts überschatten soll – wie soll man *dann* noch einen Würdebegriff aufrecht erhalten, der

nicht komplett in Selbstbestimmung aufgeht und damit überflüssig wird?

Die Würde im Beschluss des Bundesverfassungsgerichts

Das Bundesverfassungsgericht (BVerfG) ist am 26. Februar
2020 diesen Weg nachgegangen. Eberhard Schockenhoff analysiert die damit eingeschlagene Richtung in einem Aufsatz für
die Zeitschrift *Communio*. Nachdem er dargelegt hat, warum
die Menschenwürde im weltanschaulich neutralen Staat juristisch nicht auf *eine* bestimmte Deutung bzw. Auslegung redu-
ziert werden darf (ohne dass der Staat dabei gänzlich wert-
neutral bleiben muss oder dies überhaupt nur kann), hält er
dem Gericht vor, sich auf „geradezu handstreichartige Weise"
dieser auferlegten Abstinenzpflicht „entzogen" zu haben, „indem es eine neue Letztbegründung der Freiheit zum Suizid
proklamierte". Die selbstbestimmte Verfügung über das eigene
Leben sei für das BVerfG, zitiert Schockenhoff den Beschluss,
„unmittelbarer Ausdruck der der Menschenwürde innewohnen-
den Idee autonomer Persönlichkeitsentfaltung; sie ist, wenn-
gleich letzter, Ausdruck von Würde". Daraus folge: „Das
BVerfG verlässt damit einen Standpunkt oberhalb unterschied-
licher inhaltlicher Festlegungen der Menschenwürde und macht
sich ein weltanschauliches Verständnis zu eigen, das diese mit
prinzipiell unbeschränkter individueller Selbstbestimmung
gleichsetzt. Durch diese Auslegung der Menschenwürde-
Garantie im Sinne schrankenloser Autonomie und Selbstver-
fügung verwirft das oberste Gericht zugleich die Konkordanz-
formel, die dem Anfang 2015 vom deutschen Parlament be-
schlossenen Gesetz zur Strafbarkeit der geschäftsmäßigen För-
derung der Selbsttötung zugrunde lag".

Schockenhoff betont im Anschluss die Bedeutung der Differenz von privater und geschäftsmäßiger (und damit „öffentlich-gesellschaftlicher") Suizidbeihilfe, die man politisch nachvollziehen, vom Standpunkt einer konsequenten Lebensschutzethik her aber durchaus kritisieren kann. Auch im privaten Umfeld kann eben jener „Druck" entstehen, der einer wirklichen und insoweit achtenswerten Autonomie querliegt. Wie lässt sich das denn auch verhindern? Im Privaten geht es doch manchmal ebenso um nackte wirtschaftliche Interessen. Wo liegt im Hinblick auf eine anti-autonomistische Druckkulisse der Unterschied zwischen einer Sterbehilfeorganisation, die für ihren „Dienst" x Euro verlangt und ihre Leistung mit Euphemismus vermarktet, und einem Angehörigen, der verhindern will, dass x Euro aus seinem potentiellen Erbe für einen Platz im Pflegeheim aufgewendet werden und daher den Sterbenden subtil bedrängt? Wo ist die Differenz zwischen dem Werben der Organisation für ihre „Dienstleistung" am künftigen „Kunden" und dem Werben des Angehörigen um ein „freiwilliges" Ende des künftigen Erblassers – etwa durch andauernde zielgerichtete Bemerkungen zum eigenen Finanzbedarf? Ja, ist nicht der alte Mensch viel eher bereit, darauf zu reagieren, und ein letztes „gutes Werk" für den Angehörigen zu tun – auch, wenn er das eigentlich gar nicht will –, als auf eine Zeitungsanzeige oder einen Internetwerbespot einer Sterbehilfeorganisation hin dieser einen Auftrag zu erteilen?

Das BVerfG lässt in seinem Beschluss die Differenz aus einem ganz anderen Grund nicht gelten: Nicht jeder Sterbewillige habe Angehörige, die ihm helfen können, daher brauche es die Sterbehilfe als vermarktete Dienstleistung für alle. Konsequenterweise müsste man dann allerdings auch dafür sorgen, dass diese auch wirklich für jede und jeden erschwinglich ist, was letztlich bedeutet: Sterbehilfe als Kassenleistung.

Auch das BVerfG erkennt an, dass es das „gesellschaftliche und familiäre Umfeld" gleichermaßen sein könne, das Menschen in die missliche Lage bringe, „sich gegen ihren Willen mit der Frage der Selbsttötung auseinandersetzen zu müssen", und diese Menschen infolgedessen „mit Verweis auf Nützlichkeiten unter Erwartungsdruck geraten".

Wie man es auch wendet: Das Problem liegt für mich viel tiefer. Das Einfallstor ist bereits die Überbetonung der Autonomie im Kontext des Würdebegriffs. Das darf ich sagen – ich muss die Würde nicht „weltanschaulich neutral" begreifen. Offenbar ist das ohnehin eine Illusion – ein bestimmtes Vorverständnis braucht es wohl immer. Das BVerfG hat sich für die autonomistische Deutung der Würde und damit für eine säkularistische Sicht entschieden.

Ich hingegen bleibe dabei: Was Mensch ist, hat Würde, nicht als Ausdruck seiner Selbstbestimmung, sondern qua Sein. Das lässt sich am besten im Kontext des jüdisch-christlichen Menschenbildes verstehen, aber auch einige säkulare Ansätze können diese Voraussetzungslosigkeit aufzeigen – und damit die Grenzen des subjektiv-individuell bemessenen Deutungsraums über den Begriff der Menschenwürde.

Durch den historischen und systematischen Begründungsdiskurs zum Würdebegriff müssen wir uns durcharbeiten, denn welchen Grund man dafür sieht, von einer „Würde des Menschen" zu sprechen, legt fest, was man unter der Würde des Menschen versteht und damit zugleich, in welchen Fällen man meint, die Würde des Menschen sei verletzt: „Die Tatsächlichkeit ihrer Verletzung hängt in hohem Maße davon ab, welche Bedeutung ihr aus dem umfangreichen Spektrum ihrer Semantik zugewiesen wird", resümiert Jean-Pierre Wils in seinem Artikel „Würde" im *Handbuch Ethik*, in dem er auch auf die rechtssystematische Differenz von Prinzip und Regel eingeht, die Robert Alexy mit Blick auf die höchste deutsche Verfassungsnorm („Die Würde des Menschen ist unantastbar") vorgenommen hat: Man muss wissen, was das Menschenwürde-Prinzip (den Grundsatz) ausmacht, um zu erkennen, wann die Menschenwürde-Regel (des Grundgesetzes) gebrochen wurde. „Angetastet" wird die Würde demnach nur, wenn sie prinzipiell Vorrang hatte – was im Verhältnis von Staat und Individuum nicht immer der Fall ist, weil die Lebenswelt Konstellationen kennt, in denen die Achtung und der Schutz der Menschenwürde nicht für alle Beteiligten gleichermaßen möglich ist; man denke an ethische Dilemmata wie „Würde gegen Würde"-Kollisionen. Absolut gilt sie also nur dann, wenn die Voraussetzungen dafür vorliegen, dass sie „im Prinzip" gilt und Vorrang hat. Wenn in diesem Fall Achtung und Schutz der Menschenwürde nicht gewährleistet werden, wird die Menschenwürde verletzt – und nur dann.

Exkurs: Dilemmata im Kontext der Menschenwürde

Ethische Dilemmata wie „Würde gegen Würde"-Kollisionen schränken die Möglichkeit, die Menschenwürde zu achten und zu schützen, prinzipiell ein. Wir sehen uns mit Dilemmasituationen konfrontiert, in denen wir dazu gezwungen sind, entweder die Achtung oder den Schutz der Menschenwürde aufzugeben.

Ich kenne die Warnungen vor einer konsequentialistischen Bilanzierung, wie sie etwa Robert Spaemann ausspricht („Die schlechte Lehre vom guten Zweck"), ich schätze sie und nehme sie sehr ernst. Vor allen Dingen die

Ermahnung, Moral und Heil nicht zu verwechseln, und dementsprechend auch nicht ihre Resonanzkörper – philosophische Ethik und Geschichtsphilosophie. Nur: Es kann Situationen geben, in denen a) eine Entscheidung unvermeidbar ist (Trolly-Dilemma) und deswegen b) de facto immer abgewogen wird, sowohl beim Handeln als auch beim Unterlassen (wo auch die kluge Unterscheidung Spaemanns zwischen Handeln und Unterlassen – mit verantwortungsethischer Präferenz für das Unterlassen – nicht mehr so ganz verfängt, weil die Unterlassung unmittelbar wie eine Handlung *wirkt*). Hier ist die Frage, ob es beispielsweise wirklich gut im Sinne des Lebensschutzes ist, durch Unterlassen mehr Menschen in den Tod zu schicken als durch Handeln zu töten, eine Frage, die sich etwa im Kontext des Themas „Humanitäre Intervention" stellt.

Aus der doppelten Aufgabe von Achtung und Schutz kann immer dann ein Dilemma entstehen, wenn eine der beiden staatlichen Pflichten nur dadurch erfüllbar ist, dass die andere situativ (zeitweilig und fallbezogen) vernachlässigt oder gar verletzt wird.

Der Verfassungsrechtler Horst Dreier behauptet in diesem Kontext, dass es Szenarien gebe, für die er keine Möglichkeit sehe, grundsätzlich zu einer fallunabhängigen Entscheidung für entweder „Achtung" oder aber „Schutz" zu gelangen. Er betont gegen die h. M. in seinem Kommentar zu Artikel 1 Grundgesetz, dass es auch im Zusammenhang mit der Menschenwürde keine Möglichkeit gebe, den „Rechtsgedanken der rechtfertigenden Pflichtenkollision von vornherein auszuschließen". Im Fall der Entführung eines Menschen, bei der ein Täter gefasst werden konnte, der weiß, wo sich der Entführte befindet, müsse demnach von Fall zu Fall über das Foltern des Täters nachgedacht werden. Eine grundsätzliche Absage an Folter als Instrument des Staates könne es für solche Fälle nicht geben, da der Auftrag zur „Würdeachtung" (im Verhältnis zum Täter) gegen den Auftrag zum „Würdeschutz" (im Verhältnis zum Opfer) stünde.

Diese „Rettungsfolter" wird heiß diskutiert. Unstreitig zwischen den Teilnehmern der Debatte ist wohl nur, dass es im Bereich der Würde des Menschen liegt, nicht gefoltert zu werden, dass es gleichfalls nicht im Bereich der Würde des Menschen liegt, in einem Kellerraum oder Erdloch zu verdursten. Genau durch diese Einsicht ergibt sich das konfliktträchtige „Würde gegen Würde"-Dilemma. Auch reicht es nicht, soviel ist klar, darauf hinzuweisen, dass in Artikel 1 Absatz 1 Satz 2 Grundgesetz „zu achten" vor „zu schützen" steht. Daraus allein ergibt sich kein Vorrang der Achtung vor dem Schutz. Wir müssen tiefer schürfen.

Aus der „Wenn-dann"-Logik der „Rettungsfolter" ergibt sich das grundsätzliche Problem konsequentialistischer Argumente: Kein Mensch kann in die Zukunft blicken, um zu bestätigen, dass die in Aussicht gestellten Folgen auch die tatsächlichen und alleinigen sein werden. Damit sind wir wieder bei dem ethisch relevanten Unterschied zwischen „Handeln" und „Unterlassen", auf den Robert Spaemann verweist: Grundsätzlich sind Unterlassungsfolgen schlechter prognostizierbar als Handlungsfolgen. Man kann sehr genau sagen, was mit dem Täter passiert, wenn er gefoltert (wenn also „gehandelt") wird, nämlich, dass der Staat dessen Würde verletzt, also seiner Achtungsverpflichtung nicht nachkommt. Man kann aber nicht genau sagen, was mit dem Opfer passiert, wenn es unterlassen wird, den Täter zu foltern. Es kann sich jederzeit eine neue Lage ergeben, in der die staatliche Gewalt zum Schutz des Opfers befähigt wird, ohne gefoltert zu haben, sei es, dass der Täter „freiwillig" einknickt und aussagt, sei es, dass sich das Opfer befreien kann oder dass es im Rahmen der „herkömmlichen" Polizeiarbeit gefunden wird.

Man kann aber auch nicht sagen, was mit dem Opfer passiert, wenn der Täter gefoltert wird, denn der Erfolg der Folter des Täters mit Blick auf die Lage des Opfers ist ungewiss. Bereits in Friedrich von Spees *Cautio criminalis* (1631) wird dieses Argument gegen die Folter gewendet. Spee schreibt, dass Folter schon allein aufgrund der zweifelhaften Aussichten auf Erfolg abzulehnen sei, also wegen der zum Zeitpunkt der Folter nicht beantwortbaren Frage, ob man durch sie wirklich der Wahrheit näher kommt. Spee hält Folter zwar wegen deren Grausamkeit auch für moralisch verwerflich, doch vorderhand für juristisch untauglich, weil sie in der Rechtspraxis zur fehlerhaften Beweisaufnahme führe. Folter ist für Spee zunächst und vor allem eines: ein untaugliches Beweismittel; sie ist insbesondere deshalb abzuschaffen. Auch wenn wir heute eher mit Ethik als mit Rechtspragmatik argumentieren, ergänzt diese Sicht der Frühen Neuzeit doch gut die Überlegungen zur Menschenwürde, die im Entführungsfall bzw. in der Debatte um „Rettungsfolter" anzustellen sind.

Für die „Achtung-Schutz-Kollision" bedeutet das zusammengefasst: Wird im Fall der Folter eines Entführers in jedem Fall die Würde des Gefolterten missachtet, so ist die Schutz-Wirkung in Bezug auf das Entführungsopfer ungewiss. Sie tritt möglicherweise ein, sie tritt u. U. sogar mit einer sehr hohen Wahrscheinlichkeit ein, doch es ist eben nicht sicher, ob sich durch die Folter neue, verwertbare Erkenntnisse ergeben, die dem Schutz des Opfers dienen und die ohne Folter nicht zu erlangen gewesen wären. Sicher ist im Zusammenhang mit Folter nur, dass die Würde des Gefolterten verletzt wird – und zudem die Würde des Folternden, ein wichtiger Aspekt, auf den mich die Berliner Autorin Claudia Sperlich hinwies. Die Drittwirkung der Folter auf den Folternden entspricht der Drittwirkung der Abtreibung und der Sterbehilfe auf den Arzt oder die Krankenschwester, die Ärztin oder den Pfleger: Ihre Würde wird verletzt. Insoweit ist der Folter eine klare Absage zu erteilen – und der Abtreibung und der Sterbehilfe auch (ohne damit Folter, Abtreibung und Sterbehilfe moralisch oder rechtlich gleichstellen zu wollen).

Der Befund: In Lebensschutzdebatten kommt es zu diametral entgegengesetzten Ansichten: Wird die Würde des Menschen durch das Verbot oder durch die Erlaubnis zur Suizidbeihilfe verletzt? Wessen Würde ist bei der Abtreibung verletzt – die der Mutter (wenn man Abtreibungen verbietet und/oder ihre Durchführung erschwert) oder die des ungeborenen Kindes (wenn man Abtreibungen erlaubt und/oder ihre Durchführung erleichtert)? Um diese Fragen beantworten zu können, müssen wir uns die jeweils zugrundeliegenden Konzepte von Würde anschauen, die eng mit unterschiedlichen Menschenbildern zusammenhängen.

Das jüdisch-christliche Menschenbild

„Was ist der Mensch, dass Du Dich seiner annimmst?" (Ps 8, 5) Die Frage richtet sich an Gott, den der Psalmist als Schöpfer anspricht, der seinem Geschöpf zugewandt bleibt. Ihre Antwort findet sie in der Würde, die dem Menschen eignet. Die frühe christliche Tradition knüpft hier an und leitet die Würde des Menschen von Gott her, von der Gottebenbildlichkeit (Gen 1, 26-27). Sie hebt die Unterschiede zwischen Menschen und

Völkern auf (vgl. Gal 3, 26-28) und manifestiert eine allgemeine, universale Menschenwürde mit absolutem Geltungs-
anspruch.

Die christliche Philosophie verleiht dem Menschen – und das
war völlig neu, als dieser Gedanke im Zuge der Ethik Jesu auf-
trat – eine unveräußerliche Würde, die sich nicht nur aus der
Geschöpflichkeit und Gottebenbildlichkeit des Menschen
ergibt, sondern vor allem durch die Menschwerdung Gottes
ihre Pointe erfährt. Als Abbild des personalen Gottes ist dem
Menschen personale Würde verliehen. Sie ist das „Echo" auf
die Gottebenbildlichkeit, wie es Ludger Honnefelder ausdrückt.
In Christus bekräftigt Gott diese Würde des Menschen durch
die größtmögliche Zuwendung des Schöpfers zum Geschöpf:
die Identifikation. Menschenwürde beschreibt die Gebundenheit des Menschen an ein absolutes Sein, an Gott, der ihm, dem
Menschen, die unbedingte Würde verleiht, weil er ihn unbedingt liebt, so sehr, dass er, Gott, sich mit ihm, dem Menschen,
eint. Diese Liebe feiern wir jedes Jahr zu Weihnachten.

Gottebenbildlichkeit ist demnach eine Gabe Gottes, die sich
durch Unverfügbarkeit für den Menschen auszeichnet. Sie ist
keine Qualität des Menschen, sie besteht nicht in etwas, das der
Mensch ist oder tut, sondern sie besteht, indem der Mensch
selber und als solcher besteht, als ein Gottes Geschöpf. Er wäre
nicht Mensch, wenn er nicht Gottes Ebenbild wäre. Er ist
Gottes Ebenbild, indem er Mensch ist. Damit ist die Würde des
Menschen, die aus der Gottebenbildlichkeit erwächst, unver-
äußerlich, nicht von ihm zu trennen, weil die Gottebenbildlichkeit nicht von ihm zu trennen ist.

So ist der Mensch als geschaffenes Ebenbild Gottes von seinem Ursprung, seinem Wesen und seinem Ziel her nicht eigenbestimmt, seine Würde ist eine *dignitas aliena*, eine „fremde Würde" (Martin Luther). Der Mensch konstituiert sich also nicht in völliger Autonomie als selbstbestimmtes Subjekt, sondern bleibt dem Objekt in einer heteronom gestalteten Beziehung zugewandt (vergleiche dazu im Kapitel „Selbstbestimmung" den Abschnitt „Selbstbestimmung und ihre Grenzen"). Gerade dadurch erhält der Mensch nicht nur eine ihm „fremde", sondern eine ihm entzogene Würde, eine absolute Würde, die nicht Gegenstand konventionaler Überlegungen der Gemeinschaft oder subjektiver Entscheidungen des Menschen sein kann.

Die Würde des Menschen kommt als „fremde Würde" von Gott. Anders gesagt: Die Unantastbarkeit der Würde hat einen „Preis": Die Bindung des Menschen an Gott. Daraus erwächst seine „Verantwortung vor Gott", auf die in der Präambel des Grundgesetzes verwiesen wird. Heute sind wir, so scheint es, nicht mehr bereit, diesen Preis zu zahlen. Doch ohne die absolute Würde wird der Mensch zum Spielball von Interessen, kann instrumentalisiert werden und verliert den Anspruch auf unbedingte Achtung seines Lebensrechts. Christinnen und Christen sind aufgerufen, im Geiste der schöpfungstheologischen und der christologischen Anthropologie Einspruch zu erheben, wenn die Würde des Menschen zur Disposition gestellt wird. Diesem Ruf sind sie in der Vergangenheit gefolgt. Die Abschaffung der Sklaverei etwa konnte nur gelingen, weil sich Christenmenschen vor dem Hintergrund des christlichen Menschenbildes für die Freiheit der Sklaven einsetzten (vergleiche dazu im Kapitel „Freiheit" den Abschnitt „Freiheit und Bindung: Christliche Konzeption"). Dieser Ruf ist auch heute zu hören – gleichwohl er von vielen anderen Rufen überlagert zu werden droht.

Lebensschutz im Geiste der Schöpfungstheologie

Die christliche Stimme – insbesondere die mit katholischer Tonlage –, die diesen Ruf weiterträgt, ist heute die einzige, die sich noch deutlich vernehmbar für den unbedingten Schutz des menschlichen Lebens erhebt. Christinnen und Christen erheben ihre Stimme, weil es im Christentum eine absolute, von Gott her bestimmte Würde zu schützen gilt.

Ausgangspunkt des Lebensschutzes in der Katholischen Kirche ist diese schöpfungstheologische Anthropologie: „Das menschliche Leben ist heilig, weil es von seinem Beginn an ‚der Schöpfermacht Gottes' bedarf und für immer in einer besonderen Beziehung zu seinem Schöpfer bleibt, seinem einzigen Ziel. Nur Gott ist der Herr des Lebens von seinem Anfang bis zu seinem Ende: Niemand darf sich, unter keinen Umständen, das Recht anmaßen, ein unschuldiges menschliches Wesen direkt zu zerstören", so steht es im Katechismus.

Und weiter heißt es dort: „Das menschliche Leben ist vom Augenblick der Empfängnis an absolut zu achten und zu schützen. Schon im ersten Augenblick seines Daseins sind dem menschlichen Wesen die Rechte der Person zuzuerkennen, darunter das unverletzliche Recht jedes unschuldigen Wesens auf das Leben". Das bedeutet: Alles, was darauf hinwirkt, das entstandene Leben zu beenden, also die Abtreibung, ist immer unsittlich.

Mit der Abtreibung, der systematischen Einrichtung zur Tötung des eigenen Nachwuchses, steht alles zur Disposition. Wenn schon das Lebensrecht des ungeborenen und insoweit unschuldigsten Menschen Gegenstand eines Abwägungsprozesses sein kann, wenn sich der Mensch für oder gegen das Leben entscheiden darf (wohlgemerkt: mit Wirkung auf Dritte), dann ist nichts mehr sicher. Die heilige Mutter Teresa drückte oft ihre Verzweiflung darüber aus, dass ein Kind heutzutage nicht einmal mehr im Mutterleib sicher sei.

Nur in der schöpfungstheologischen Perspektive einer heteronom begründeten und damit dem Menschen entzogenen Menschenwürde lässt sich auch die Haltung der Kirche zum Suizid oder zur aktiven Sterbehilfe verstehen, die der Katechismus wie folgt umreißt: „Eine Handlung oder eine Unterlassung, die von sich aus oder der Absicht nach den Tod herbeiführt, um dem Schmerz ein Ende zu machen, ist ein Mord, ein schweres Vergehen gegen die Menschenwürde und gegen die Achtung, die man dem lebendigen Gott, dem Schöpfer, schuldet. Das Fehlurteil, dem man gutgläubig zum Opfer fallen kann, ändert die Natur dieser mörderischen Tat nicht, die stets zu verbieten und auszuschließen ist".

Und so, wie es nicht der Würde des Menschen entspricht, vor der von Gott geschenkten Zeit getötet zu werden, so entspricht es auch nicht seiner Würde, wenn er als biologisches System über seine Zeit hinaus am „Leben" gehalten wird. Denn der Mensch ist mehr als sein Körper und das Leben mehr als biologische Existenz. Es kann Situationen geben, in denen es gerade die Würde des Menschen ausmacht, wenn man ihn sterben lässt, also „passive Sterbehilfe" leistet. Das sieht auch der Katechismus der Katholischen Kirche so: „Die Moral verlangt keine Therapie um jeden Preis. Außerordentliche oder zum erhofften Ergebnis in keinem Verhältnis stehende aufwendige und gefährliche medizinische Verfahren einzustellen, kann berechtigt sein. Man will dadurch den Tod nicht herbeiführen, sondern nimmt nur hin, ihn nicht verhindern zu können".

Exkurs:Todesstrafe aus Sicht der Menschenwürde

Dass der Katechismus der Katholischen Kirche die Todesstrafe bisher nicht explizit ausschloss, war für mich – soweit Selbstverteidigung und Nothilfe beim gefangenen Straftäter ja nicht als Gründe für eine Tötung in Frage kommen – immer unverständlich. In Nr. 2266 hieß es: „Der Schutz des Gemeinwohls der Gesellschaft erfordert, daß der Angreifer außerstande gesetzt wird zu schaden. Aus diesem Grund hat die überlieferte Lehre der Kirche die Rechtmäßigkeit des Rechtes und der Pflicht der gesetzmäßigen öffentlichen Gewalt anerkannt, der Schwere des Verbrechens angemessene Strafen zu verhängen, ohne in schwerwiegendsten Fällen die Todesstrafe auszuschließen. Aus analogen Gründen haben die Verantwortungsträger das Recht, diejenigen, die das Gemeinwesen, für das sie verantwortlich sind, angreifen, mit Waffengewalt abzuwehren."

Wenn ich dazu Nr. 2267 las, dann war mir klar, dass es sich bei der Todesstrafe aus katholischer Sicht um eine rein theoretische Option handelt, die für Extremfälle vorgesehen ist, denn „soweit unblutige Mittel hinreichen, um das Leben der Menschen gegen Angreifer zu verteidigen und die öffentliche Ordnung und die Sicherheit der Menschen zu schützen, hat sich die Autorität an diese Mittel zu halten, denn sie entsprechen besser den konkreten Bedingungen des Gemeinwohls und sind der Menschenwürde angemessener". Doch im Komparativ – „besser", „angemessener" – ging viel vom absoluten Lebensrecht und der absoluten Achtung der Würde des Menschen verloren.

Damit ist nun Schluss: Die Glaubenskongregation überarbeitete diese Norm des Katechismus, so dass die Katholische Kirche in Zukunft eine klare Haltung zur Todesstrafe einnimmt: Sie ist nunmehr unter allen Umständen „unzulässig", weil sie „einen Angriff auf die Unverletzlichkeit und die Würde des Menschen" darstellt.

Das dies so klar gesagt wird, ist gut und richtig. Denn auch drei andere Argumente sprechen eindeutig gegen die Todesstrafe: Zunächst die Irreversibilität des Urteils. Einmal vollstreckt, kann es nicht mehr wirksam zurückgenommen werden, wenn sich herausstellt, dass es irrtümlich gefällt wurde. Bei einer Haftstrafe gibt es immerhin die Möglichkeit der Entlassung und der Entschädigung für die Zeit des unrechtmäßigen Freiheitsentzugs. Auch das Argument der größeren Abschreckung scheint nicht wirklich stichhaltig, wenn man Kriminalitätsstatistiken vergleicht. Mir scheint, es geht bei der Todesstrafe am Ende um einen Aspekt des Strafens, der in einem zivilisatorisch entwickelten Strafrecht, gerade auch vor einem christlichen Hintergrund, keine Rolle mehr spielen sollte: Rache. Und schließlich muss es Henker geben, Menschen, die ein Todesurteil vollstrecken. Auch sie werden menschenunwürdig behandelt, als Instrumente eines Strafvollzugs, der gegen die Menschenwürde verstößt, ein Argument, auf das mich Claudia Sperlich aufmerksam gemacht hat. Daher gehört die Todesstrafe abgeschafft. Nicht nur im Katechismus der Katholischen Kirche.

Das säkular-philosophische Menschenbild

Dass Würde und Selbstbestimmung in der säkularen Philosophie sehr eng aufeinander bezogen sind, ergibt sich aus dem Umstand, dass ein Spezifikum des Menschen gefunden werden muss, das direkt und ausschließlich mit menschlichem Verhalten in Verbindung gebracht werden kann. Was macht den Menschen so besonders, dass ihm eine Würde zukommt, die etwa einem Hund oder einem Eichhörnchen in dieser Absolutheit nicht zukommen? Es braucht einen Grund für die herausgehobene Stellung des Menschen in der Ordnung der Welt, die seine besondere Behandlung nahelegt bzw. rechtfertigt – neuerdings gegen Versuche, auch bestimmten Tieren als „Personen" eine Würde zuzusprechen (und nicht nur einen Eigenwert).

Exkurs: Menschenwürde und der Begriff der Person

Der australische Philosoph Peter Singer unterscheidet im Rahmen seiner Ethik des Präferenzutilitarismus nicht Mensch von Tier, sondern Person (ein Wesen mit der Fähigkeit, Interessen zu entwickeln) von „Nicht-Person" (ein Wesen, das diese Fähigkeit nicht hat). Dabei gehören „some nonhuman animals" in die erste Gruppe (etwa Schimpansen), der ungeborene menschliche Fötus jedoch in die zweite, denn: „no fetus is a person". Das bedeutet: Der Embryo bzw. Fötus, also: der ungeborene Mensch, hat nach Singer keine Würde, denn diese ist in seinem Verständnis Personen vorbehalten; Menschenwürde wird zur „Personenwürde". Es kommt folglich in dieser Denkweise bei Abtreibungen erst gar nicht zur Kollision der Würde des ungeborenen Menschen mit der Würde der Frau.

Die Debatte um „Würde-Exklusivität" und „Würde-Egalitarismus" ist unterdessen schon viel älter. Bereits Mitte der 1970er Jahre sprach Claude Lévi-Strauss über den „Mythos von der ausschließlichen Würde der menschlichen Natur" als Ursache der ökologischen Krise, die sich damals abzuzeichnen begann (nur einige Stichwörter seien genannt: Ölkrise, Luftverschmutzung, Waldsterben, Ozonloch, Klimawandel). Die Vermengung der Sphären humaner und nicht-humaner Natur ist heute Ansatz und Gegenstand vieler ökologischer Moraltheorien. Eine Kritik dieser umweltethischen Tendenz und eine dazu alternative Anthropologie, die die Fehler des zerstörerischen Anthropozentrismus vermeidet, habe ich in *Kirche im Klimawandel* dargelegt, erschienen im Februar 2020, ebenfalls bei Tredition.

Schöpfungstheologische Ansätze beantworten diese Frage biblisch (der Mensch erhält von Gott die unveräußerliche Würde geschenkt, insoweit er als Gottes Abbild geschaffen ist, vgl. Gen 1, 26), philosophische Schulen, die ohne den Gedanken der Geschöpflichkeit des Menschen auskommen wollen, müssen ein anderes Spezifikum definieren. Ihnen wird gerade die menschliche Vernunft, die „Denkseele" (das *hegemonikon* bei den Stoikern), das Denkvermögen (das *dianoetikon* als „Bewusstsein" bei Aristoteles, lateinisch *anima rationalis*, „Vernunftseele"), der Intellekt (ein Konzept, das über die römische Stoa in den Sprachgebrauch der Patristik eingeht) und damit die Fähigkeit zur rationalen Selbstbestimmung zum ureigens Menschlichen.

Einschlägig ist in diesem Sinne die Bestimmung des Menschen bei Günter Düring: „Jeder Mensch ist Mensch kraft seines Geistes, der ihn abhebt von der unpersönlichen Natur und ihn aus eigener Entscheidung dazu befähigt, seiner selbst bewusst zu werden, sich selbst zu bestimmen und sich und die Umwelt zu gestalten". Entsprechend setzt das säkulare Menschenbild Dürings die Menschenwürde als Axiom und sieht Artikel 1 Grundgesetz als „axiomatische Ewigkeitsentscheidung", lässt den Begriff Menschenwürde also unbegründet und postuliert lediglich ihre Bedeutung für unser Rechtssystem. Robert Alexy entwickelte in diesem Sinne die „Anthropologie der Verfassung" (Arnulf von Scheliha) als „Vorstellung vom Menschen als einem geistig-sittlichen Wesen", das „darauf angelegt ist, in Freiheit sich selbst zu bestimmen und sich zu entfalten", wobei dieses Wesen, so Alexy, im Grundgesetz nicht „selbstherrlich" gedacht sei, sondern – bei aller Individualität – „gemeinschaftsbezogen und gemeinschaftsgebunden" bleibe.

Wenn nun die Selbstbestimmungsfähigkeit der Vernunft Grund dafür ist, dass dem Menschen Würde zukommt, dann liegt es freilich nahe, die nähere Bestimmung der Würde, ihre Bedeutung und ihre Tragweite vom vernunftbegabten Menschen selbst bestimmen zu lassen, einschließlich der ethischen Schlussfolgerungen, die daraus zu ziehen sind. Dieser Übergang vom Deskriptiven zum Präskriptiven ist jedoch keineswegs so einfach möglich: Warum sollte eine Entität, die sich – nach der These – einer Fähigkeit verdankt, dieser Fähigkeit immer untergeordnet bleiben? Abgesehen von der Frage, ob das wirklich reicht, eine „Denkseele" oder „Geisteskraft" anzunehmen, ohne zu sagen, woher diese wiederum kommen mag; in der Stoa ist es noch die enge Verbindung zur „Weltseele", die dem Menschen Vernunft verschafft, im Christentum erwächst dann der Gedanke der Geschöpflichkeit – und damit die Verbindung zu Gott.

Der christliche Würdebegriff ist argumentativ abhängig von der Existenz Gottes (Schöpfung) und damit ontologisch unverfügbar, der säkular-philosophische ist abhängig vom Menschen (Selbstbestimmung); die Unverfügbarkeit wird hier nur postuliert – man muss darauf hoffen, dass man sich im Hinblick auf die hohe Stellung der Würde einig ist und bleibt. Die Würde im Christentum unterliegt Gottes Willen, der sie stiftet, die Würde in der säkularen Philosophie der Vernunft des Menschen, die es ihm ermöglicht, sie zu entdecken. Die Würde als Entität untersteht also entweder einer höheren Entität oder aber der Fähigkeit zur Selbstbestimmung – einmal landet man im Dogma des religiöses Glaubens, einmal in der Zirkularität bzw. in der Ersetzung von „Würde" durch „Selbstbestimmung". Mit allen Konsequenzen.

Tiedemanns „Identitätstheorie der Menschenwürde"

Eine interessante Variante des säkularistischen Denkens ist die „Identitätstheorie der Menschenwürde", die der Jurist und Philosoph Paul Tiedemann entwickelt hat. Darin wird der Begriff der Würde auf Authentizität und Identität der Person zurückgeführt. Geachtet und geschützt wird die Würde des Menschen dann, wenn unterbleibt, was „Authentizität und Identität gefährden, einschränken oder vernichten" könnte.

Wenn wir Würde haben, dann leben wir authentisch, weil wir „Ursprung unseres Willens und unserer Handlungen" sind. Aus der Summe aller unserer authentischen Entscheidungen ergibt sich unsere Identität. Umgekehrt: Wenn wir Entscheidungen mitzutragen und Handlungen zu vollziehen haben, die wir nicht wollen, und dadurch „in einen Zustand des Gewissenskonflikts" geraten, dann ist unsere Würde verletzt. Entscheidend ist der Gewissenskonflikt: Es kommen nur Entscheidungen und Handlungen von einer überragenden Bedeutung für unsere personale Integrität in Frage (etwa Berufs- oder Partnerwahl; Entscheidungen, die unsere Gesundheit betreffen, also für oder gegen Operationen oder Therapien; Handlungen von großer Relevanz für unser Selbstbild wie etwa religiöse Riten); es geht also nicht darum, dass ich mal keine Lust habe, abzuwaschen oder Unkraut zu jäten – ein Insistieren auf meine Obliegenheit ist noch keine Würdeverletzung. Mit anderen Worten: Die Gewissensfreiheit muss gewahrt sein, wenn die Menschenwürde geachtet und geschützt werden soll.

Derart auf Selbstbestimmung – Authentizität (eigener Wille) und Identität (eigene Entscheidungen) – kapriziert, ergeben sich aus der „Identitätstheorie der Menschenwürde" gerade mit Blick auf ihre Nähe zur Gewissensfreiheit eigentümliche Schlussfolgerungen. Tiedemann rupft nämlich Gewissensfreiheit und Glaubens- bzw. Religionsfreiheit auseinander – Freiheiten, die traditionell, insbesondere verfassungsrechtshistorisch zusammengehören –, um nicht mit *Religion* einen Topos in seine Theorie aufnehmen zu müssen, der sich nicht so leicht auf Autonomie reduzieren lässt wie das Gewissen (das sich jedoch – wenn man es etwas ernster nimmt – auch nicht in Selbstbestimmung erschöpft). Religionsfreiheit, soweit sie sich auf gemeinschaftliche Rituale bezieht, welche als spezifisch religiöse Handlungen nicht schon durch die Gewissensfreiheit geschützt sind, könne, so Tiedemann, nur dann zum Bereich der Menschenwürde gerechnet werden, wenn erwiesen sei, dass durch nicht ausgeübte religiöse Praxis die „Bildung und Aufrechterhaltung einer personalen Authentizität und Identität" gefährdet sei. Weil ein Vorliegen dieser Gefährdung zwischen religiösen und nicht-religiösen Menschen freilich umstritten bleibt und der Nachweis, dass „religiöse Amusikalität notwendigerweise oder zumindest hinreichend wahrscheinlich zu persönlichkeitsdeformierenden Verdrängungsreaktionen etwa auf die Angst vor dem Tode oder zu pathologischen Reaktionen auf die Katastrophen des Lebens führt", nach Tiedemann kaum gelingen könne (wenn er von diesem überhaupt ernst gemeint ist), führt ihn das schließlich zu der Schlussfolgerung, dass Religionsfreiheit „kein Achtungsbereich der Menschenwürde" sei. Das sind Freiheitsrechte als solche nie, im Gegenteil: Sie stehen zur Würde oft in einem Spannungsverhältnis, das dann immer zugunsten der Würde aufzulösen ist, weil Freiheitsrechte durch die Würde begrenzt werden. Doch dieser Schluss impliziert für den religiösen Menschen gerade das, was Tiedemann zuvor im Hinblick auf das Gewissen als Würdeverletzung ausgeschlossen hatte: der Mensch, dem die Religion wichtig ist, wird „in einen Zustand des Gewissenskonflikts" versetzt, wenn er sie nicht ausüben kann.

Auch dann, wenn man der Religion keine *allgemeine* Bedeutung beimisst, weil diese nicht nachzuweisen ist, bedeutet das nicht, dass man sie aus dem Kanon jener Aspekte ausschließen kann, die die Würde des Menschen konkretisieren. Die Pressefreiheit verliert ja auch nicht dadurch an Wert, dass es Menschen gibt, die *keine* Zeitung lesen und sich *trotzdem* glücklich schätzen. Selbst, wer für die religiöse Praxis nur Spott übrig hat, muss die Ernsthaftigkeit anerkennen, die damit verbunden ist. Dass religiöse Menschen *leiden*, wenn sie ihre Religion nicht mehr praktizieren dürfen, und zwar so sehr, dass sie sich nicht mehr als *sie selbst* fühlen, mag in den Ohren eines Menschen, für dessen Identität und Integrität Religion keine Bedeutung hat, unverständlich klingen, es bleibt aber eine Tatsache, der man ins Auge blicken muss.

Es stehen sich nun die beiden Ansätze diametral gegenüber: Wer Würde als absolut begreift und sie vor die Selbstbestimmung stellt, diese damit relativiert, kann das nur im Glauben an Gott, wer hingegen nicht an Gott glaubt, findet im Umkehrschluss keinen Grund zur Beschränkung von Autonomie zugunsten einer als absolut verstandenen Würde. Frage: Lassen sich diese Sichtweisen vermitteln? Antwort: Ja!

Kants „Humanitas-Formel" des kategorischen Imperativ

Den Brückenschlag besorgt Immanuel Kant. Seine Autonomievorstellung konvergiert mit der christlichen Anthropologie und dem christlichen Würdeverständnis in der „Humanitas-Formel" des kategorischen Imperativ: „Handle so, daß du die Menschheit, sowohl in deiner Person als in der Person eines jeden anderen, jederzeit zugleich als Zweck, niemals bloß als Mittel brauchst". Der Mensch ist Zweck an sich selbst, er ist Selbstzweck. Das heißt umgekehrt aber auch, dass überall dort, wo der Mensch als Mittel zu einem vermeintlich höheren Zweck dient, seine Würde verletzt wird.

Dieser Gedanke ist in das deutsche Verfassungsrecht eingegangen, in die sogenannte „Objektformel" Günter Dürigs, nach der die Würde des Menschen verletzt ist, „wenn der konkrete

Mensch zum Objekt, zu einem bloßen Mittel, zur vertretbaren Größe herabgewürdigt wird". Die Würde begrenzt damit die Selbstbestimmung, ohne dass auf Gott rekurriert wird. Die „Humanitas-" respektive „Objektformel" sind auf das Gewicht des religiösen Arguments nicht angewiesen – sie verstehen sich von selbst.

Würde des Menschen und Wert des Lebens

Gehen wir mit Kant noch einen Schritt weiter und betreten dabei einen für die Lebensrechtsdebatte durchaus relevanten Bereich: das liebe Geld. Wenn Kant sagt: „Im Reiche der Zwecke hat alles entweder einen Preis, oder eine Würde", dann bedeutet das für den Menschen, dass dieser gerade keinen „Preis" bekommen darf, weil und soweit er schon „eine Würde" hat. Ökonomisierung widerspricht der Menschenwürde. Noch einmal Kant: „Was einen Preis hat, an dessen Stelle kann auch etwas anderes, als Äquivalent, gesetzt werden; was dagegen über allen Preis erhaben ist, mithin kein Äquivalent verstattet, das hat eine Würde. Was sich auf die allgemeinen menschlichen Neigungen und Bedürfnisse bezieht, hat einen Marktpreis; das, was, auch ohne ein Bedürfnis vorauszusetzen, einem gewissen Geschmacke, d. i. einem Wohlgefallen am bloßen zwecklosen Spiel unserer Gemütskräfte, gemäß ist, einen Affektionspreis; das aber, was die Bedingung ausmacht, unter der allein etwas Zweck an sich selbst sein kann, hat nicht bloß einen relativen Wert, d. i. einen Preis, sondern einen innern Wert, d. i. Würde".

Das bedeutet: Die Monetarisierung und Verrechnung menschlichen Lebens ist nach Kant mit der Menschenwürde nicht vereinbar. Jeder Mensch ist mehr wert als alles Geld der Welt, mehr noch: Er steht bei Kant außerhalb jedes ökonomischen Kalküls.

Exkurs: Was kostet der Mensch?

Diese Überlegungen zu Würde, Wert und Preis und die betreffenden Einsichten Kants bewahren uns nicht davor, den Menschen doch prognostisch zu bemessen. Versicherungsgesellschaften und der behördliche Katastrophenschutz müssen mit Personenschäden kalkulieren – und das geht nicht mit dem Faktor „unendlich". Was aber kostet der Mensch? Wenn der „Preis" des Menschen bestimmt wird, reden wir nie über einen konkreten Menschen mit Gesicht und Biographie. Wir sprechen vom „Wert eines statistischen Lebens" (WSL). Wir rechnen also nicht – um mit Kant zu sprechen – den *homo phaenomenon* oder gar den *homo noumenon* ab (vergleiche dazu im Kapitel „Selbstbestimmung" den Abschnitt „Würde und Selbstbestimmung"), sondern bilden einen „homo statisticon", der abstrakt genug ist, um die Pietät zu wahren, der jedoch konkret genug ist, um mit ihm kalkulieren zu können, etwa die Maximalkosten einer Schutzmaßnahme.

Die Preise für den WSL sind sowohl hinsichtlich des jeweils angewandten Verfahrens als auch in Bezug auf die Untersuchungsregion und die sozialen Merkmale der zugrundeliegenden konkreten Menschenleben höchst unterschiedlich. Hannes Spengler nennt einen WSL-Mittelwert von 4,5 Millionen Euro für Deutschland und für die USA von 7 Millionen Euro. Zugleich berechnet er selbst einen Mittelwert von 1,65 Millionen Euro für einen sozialversicherungpflichtig Beschäftigten und weist auf einen Unterschied bezüglich des Geschlechts hin: bei einem Mann beträgt der WSL 1,72 Millionen Euro, für eine Frau von 1,43 Millionen Euro – sowohl die Einkommensdifferenzen als auch die höhere Risikoaversion weiblicher Arbeitnehmer wirkt sich hier auf den je unterschiedlichen WSL aus.

Auch die Hautfarbe kann zu Unterschieden führen, wie eine US-Studie offenbarte, die das Leben eines weißen Arbeitnehmers doppelt so hoch bewertet wie das eines schwarzen Arbeitnehmers. Noch größere Differenzen zeigen sich in Umfragen, die auf die Zahlungsbereitschaft von Menschen abheben, tödliche Risiken von der Gemeinschaft abzuwenden, von denen sie nur mit einer bestimmten, sehr geringen Wahrscheinlichkeit selbst betroffen wären, oder die ganz konkret danach fragen, wie viel einem Men-

schen die Aufopferung eines Lebensjahres wert wäre bzw. umgekehrt, wie
viel Lebenszeit sie für 1 Million Euro hergeben würden.

Eine Meta-Studie, die fünf verschiedene WSL-Studien aus dem Zeitraum
von 1986 bis 2007 analysiert, ermittelt Werte zwischen 1,7 und 7,4 Millionen Euro; sie selbst kommt auf der Basis von Schmerzensgeldzahlungen auf
durchschnittlich 1,7 Millionen Euro, bei einem Minimum von 0,6 und einem Maximum von 5,3 Millionen Euro. Die Autoren summieren dabei die
zugesprochenen Entschädigungen für den Verlust von Gliedmaßen und
Organen auf, bis hin zu einem funktionsfähigen Körper. Noch einen Schritt
weiter in Richtung einer rein materialistischen Bewertung geht eine Analyse
der Einzelpreise menschlicher Körpersubstanzen auf der molekularen Ebene: Der Biochemiker Harold J. Morowitz berechnet für den durchschnitt-
lichen Menschen von 75 Kilo und knapp 25 Kilo Trockenmasse einschließlich wertvoller Enzyme und Peptide einen Katalogpreis von 6 Millionen
Dollar.

Was kostet der Mensch? Die Antworten fallen unterschiedlich aus, doch immer erhält der Mensch ein Preisschild. Andererseits: Was nützte es den
Hinterbliebenen einer Katastrophe, die „Entschädigung" verlangen, wenn
man ihnen sagte: „Wir können Ihnen nichts zahlen, denn mit Geld lässt sich
Ihr Leid ohnehin nicht aufwiegen! Machen Sie sich nichts daraus und denken Sie daran: Der Verstorbene ist unendlich wertvoll!" Wäre das wirklich
ein Trost, der dem Menschen *gerechter* würde? Ich denke nicht. Wir sollten
aber immer bedenken, dass wir mit noch so genauen und gut gemeinten Be-
wertungsverfahren nie wirklich den Menschen in seinem Wesen und seiner
Würde treffen können. Ich möchte es schließlich mit einer Anekdote um den
Wiener Kabarettisten Georg Franz Kreisler sagen, der sich in den 1950er
Jahren vom Institut für Gerichtsmedizin in Wien errechnen ließ, wie hoch
der Materialwert eines Menschen sei. Das Institut kam damals auf eine
Summe von 40 Schilling, schloss aber seine Antwort mit folgender Bemer-
kung: „In diesen Zahlenangaben sind die Herstellungskosten des Menschen
nicht enthalten."

Was eine Würde hat, kann nicht zugleich einen Preis haben und
sich damit vergleichbar und verrechenbar machen. Und genau
das ist der Mensch nach Kant: Ein Wesen mit *innerem* Wert,
ein Wesen, das fähig ist, Zwecke zu setzen und sich selbst zum

Zweck zu erheben, das *an sich selbst* Zweck ist. Ein Wesen mit Würde – absoluter, unbedingter Würde.

Zusammenfassung

Würde wird nicht zuerkannt, sondern anerkannt. Der Mensch hat Würde durch seine Existenz, nicht durch eine Abmachung. Robert Spaemann bringt es auf den Punkt: Wir sind nicht kooptierte, sondern geborene Mitglieder der menschlichen Gemeinschaft. So, wie wir aus dieser Gemeinschaft nicht austreten können, ohne zugleich unsere Existenz zu verneinen, so können wir auch unsere Würde nicht verlieren – egal, was mit uns los ist.

Am deutlichsten wird diese Unverfügbarkeit in der christlichen Idee der Geschöpflichkeit: Der Mensch ist Abbild Gottes und erhält seine Würde von Gott. Sie ist ein Geschenk. Etwas schwächer, aber immer noch eindeutig, ist Kants Gedanke vom Selbstzweck des Menschen.

Die Kompatibilität von christlicher und kantianischer Sicht in Bezug auf das Lebensrecht besteht in der Vorstellung, dass Töten nicht nur eine Handlung mit Bezug auf eine bestimmte Person meint (und alle anderen nicht betrifft), sondern dass mit jeder Tötungshandlung auch die Gemeinschaft attackiert wird, und damit die Rechtsordnung insgesamt. Nicht nur, weil es Hinterbliebene gibt, die leiden, sondern weil die Ordnung der Gemeinschaft an sich leidet, ist die Tötung eines Menschen ein Unrecht – gegen die Würde des Menschen und gegen die Würde der gemeinschaftlichen Rechtsordnung gerichtet.

Freiheit

Von der Würde auf die Freiheit zu kommen, das geht sehr leicht. Im Grundgesetz schließen sich dem „Würdeartikel" die zahlreichen Freiheitsrechte nahtlos an. Diese gelten als Ausdrucksformen der Würde, müssen sich jedoch zugleich an ihr messen lassen. Der Konnex von Würde und Freiheit ist also ein ambivalenter: Würde bedingt und begrenzt Freiheit (das Stichwort lautet: Verantwortung). Das hatte ich schon im ersten Kapitel dargelegt, ebenso, dass sich Würde nicht in Freiheit erschöpft. Zumindest für Christen gilt: Die Menschenwürde ist der menschlichen Freiheit entzogen, weil sie ein Gottesgeschenk ist, das jedem Menschen zukommt. Ich hatte diesen schöpfungstheologischen Gedanken apodiktisch eingeführt, so als sei er der Christenheit immer bewusst gewesen. Das war aber nicht so; diese so grundlegende Erkenntnis musste sich erst durchsetzen.

Würde und Freiheit im Christentum

Arnulf von Scheliha hat sich einem Aufsatz nicht nur der Harmonie, sondern auch dem Widerstreit der Ideen „Menschenwürde" und „christliche Freiheit" entlang der wechselvollen Geschichte christlichen (hier: protestantischen) Denkens angenommen. Der Befund überrascht: Ausgehend von Ulrich Barths Studie zur Herkunft und Bedeutung des Menschenwürdekonzepts zeigt von Scheliha, dass das Mit- und Ineinander von Menschenwürde und Freiheit nicht immer und überall so selbstverständlich galt, wie gemeinhin angenommen.

Einerseits rekonstruiert er die Annahme liberaler Kreise, Freiheit und Menschenwürde verschmelzten zum unendlichen Wert der Seele vor Gott, andererseits weiß er Positionen konservativer Kreise innerhalb des Protestantismus' im 19. Jahrhundert anzuführen, die, bei aller Freiheitsrhetorik, das Konzept der Menschenwürde als „sozialistisch imprägniert" ablehnten. Dies sei, so von Scheliha, freilich auch Ulrich Barth nicht verborgen geblieben, der zwar zu zeigen vermag, „wie sich innerhalb der christlichen Religions- und Ideengeschichte die alttestamentliche Vorstellung von der Gottebenbildlichkeit zum Menschenwürdekonzept entwickelt hat", der sich aber sehr wohl auch darüber im Klaren sei, dass es sich um einen „äußerst schmalen Traditionsstrang" handelt.

Andererseits gibt von Scheliha die religiösen Kategorien der christlichen Vorstellung von der dignitas humana zu bedenken, wie sie etwa im Rekurs auf metaphysische Konzepte wie „Seele" zum Ausdruck kommen, die für ein Menschenbild in teleologisch-transzendentaler Perspektive denknotwendig sind, und verweist damit auf die Differenz des christlichen zum säkularen Freiheitsbegriff, ohne dabei den Zusammenhang von Freiheit und Menschenwürde aufzukündigen. Es sei vielmehr so, resümiert von Schehila, dass man eine „Menschenwürde-*gewissheit*" (kursiv im Original) als Folge des absoluten Anspruchs auf Menschenwürde in den Blick zu nehmen habe, um diesen Zusammenhang zu sehen. Bezieht man sich auf diese Gewissheit, erkenne man, dass sich die Geltung der Menschenwürde gerade in der Idee der christlichen Freiheit ausdrücke, ohne sich darin zu erschöpfen. Damit werde Religion als „eine reflektierte Form der Selbstzuschreibung von Menschenwürde" zum Schauplatz realer menschlicher Selbstvergewisserung und sei infolgedessen ein „wesentlicher Faktor, der an der sozialen

Anerkennung der Menschenwürde mitwirkt, auf die eine freiheitliche Grundrechtsordnung nicht verzichten kann".

Man wird dem christlichen Beitrag zur Durchsetzung von Freiheit in unserer Ordnung am besten dadurch gerecht, dass man zwei Perspektiven unterscheidet: einerseits die langfristige heilsgeschichtlichen Perspektive (die Befreiung von der Sklaverei der Sünde durch Christus), andererseits die kurzfristige rechtshistorische Perspektive (die Entwicklung der kodifizierten Freiheitsrechte). Langfristig war die Triebkraft des Christentums entscheidend, damit die Idee der staatlich anerkannten Freiheit aus dem Gedanken der geschöpflichen Würde des Menschen entstehen konnte. Kurzfristig hat die Kirche im 19. Jahrhundert bei der Umsetzung gebremst – aus Angst vor der eigenen Courage, denn sie fürchtete die aus Freiheit potenziell resultierenden Verwirrungen und Irrtümer, denen sie keinen Raum geben wollte, weit mehr als sie das Gewissen schätzte, die Stimme Gottes im Menschen, auf die zu hören der höchste Ausdruck von Freiheit ist – auch wenn sie der Mensch missverstehen kann, so dass er sich irrt.

Exkurs: Freiheit und das Lehramt der Katholischen Kirche im 19. Jahrhundert

Als die Freiheitsrechte im 19. Jahrhundert in die Verfassungen der sich herausbildenden modernen europäischen Nationalstaaten aufgenommen wurden, sahen sich die Hüter des Lehramts der Katholischen Kirche bedroht. Zwei Enzykliken sind in diesem Zusammenhang bedeutend: *Mirari vos* (1832, Papst Gregor XVI.) und *Libertas praestantissimum* (1888, Papst Leo XIII.). Sie wenden sich strikt gegen den neuen Ansatz, das Gewissen vom Subjekt her zu bestimmen und nicht von der objektiven Wahrheit her und damit dem Einzelnen gegen diese Wahrheit Freiheiten einzuräumen, auch Freiheiten zum Widerspruch, zum Widerstand und – aus Sicht der Kirche – zum Irrtum. Keine Freiheit dem Irrtum, war die Devise.

Zunächst zu Mirari vos, zu deutsch: „Ihr wundert Euch". Gemeint ist damit „über das lange Schweigen", denn Mirari vos erschien als Antrittsenzyklika Papst Gregors XVI. erst im zweiten Jahr seines Pontifikats. Heute wundern sich indes viele – auch viele Katholiken – über den Inhalt der darin formulierten Gedanken, zumindest über die Schärfe, mit der sie vorgetragen werden. Es wimmelt in der Polemik gegen die Freiheit des subjektivistisch gedeuteten, inhaltlich leeren Gewissens von sprachlichen Spitzen und deftigen Kraftausdrücken – nach Maßgabe dessen, was von einer Enzyklika stilistisch erwartet werden kann, aber vor allem auch im Vergleich zu den Enzykliken der letzten Jahrzehnte aus der Feder von Papst Johannes Paul II., Papst Benedikt XVI. und Papst Franziskus, ist das kaum erträglich. Die Gefahr der Beliebigkeit, die dem Subjektivismus eignet, wird zum „Wahnsinn" („Aus dieser modrigen Quelle der Gleichgültigkeit, die den Glauben betrifft, fließt jene törichte und falsche Ansicht, die man besser als Wahnsinn bezeichnet, für jeden die Gewissensfreiheit zu fordern und zu verteidigen."), die Meinungsfreiheit – eine Stütze der modernen Demokratie – wird zum „Wegbereiter für diesen überaus verderblichen Irrtum", aus dem „die Wandlung der Gesinnungen" entstamme, „die zur Verderbnis der Jugend" führten, einem Umstand, aus dem wiederum „die Verachtung des Volkes gegenüber der Religion sowie der heiligsten Dinge und Gesetze hervorgeht". Genau das ist ja die Idee des Gewissenskonzepts: Im Zweifel muss es ein „Recht auf Verachtung der Ordnung" geben. Die Sorge Papst Gregors XVI. kann dahingehend verstanden (und insoweit auch geteilt) werden, dass er zu meinen scheint, es bestünde die Gefahr, aus dem Zweifel des Gewissens im Einzelfall werde ein Dauerzustand unmotivierter Rebellion gegen Kirche und Staat, eine Art „Wutbürgertum" um der Wut willen. Schaut man sich heute um und blickt auf die Heerscharen besorgter Bürgerinnen und Bürger, könnte man fast geneigt sein, dem Papst posthum Recht zu geben. Ironie der Geschichte. In Mirari vos wird weiterhin ausgeführt, wie dem subjektivistischen Gewissensbegriff in der Gesellschaft zum Durchbruch verholfen werden soll: mit den liberalistischen Konzepten der „Redefreiheit" und der „Pressefreiheit".

Daran knüpft über ein halbes Jahrhundert später Libertas praestantissimum an, eine Schrift „über die Freiheit und den Irrtum des Liberalismus". Was hier so unmodern oder gar anti-modern klingt, ist von der Sorge getränkt, dass sich die Beliebigkeit des Subjektivismus aus der philosophisch-theoretischen Betrachtung des Gewissens in der sozialen und politischen Praxis in

Gestalt eines Liberalismus manifestiert, der keine Grenzen anerkennt und der Rücksichtslosigkeit Tür und Tor öffnet. Während der Subjektivismus Freiheit und Wahrheit gegeneinander ausspielt, stellt das Naturrecht eine vitale Beziehung, ja: eine Abhängigkeit her. Die katholische Formal lautet seit Thomas von Aquin: „Freiheit ja, Liberalismus nein!". Denn Freiheit bleibt an Wahrheit gebunden, und damit an Pflicht und Verantwortung, die – zumindest nach Meinung des Lehramts der Katholischen Kirche – im Liberalismus zu kurz kommen. Die Freiheit des Menschen liegt im Horizont der Wahrheit Gottes. Bewegt sie sich dort hinaus – und diese Gefahr sieht die Kirche im Liberalismus – ist sie keine Freiheit mehr, die zum Menschen passt.

Leo XIII. betrachtet diesen Konnex am Ende eines von Subjektivismus und Individualismus geprägten Jahrhunderts als vollends aufgeknüpft und bezieht daher seine Motivation: „Da jedoch viele hartnäckig an der Meinung festhalten, als seien jene Freiheiten auch in dem, was sie Verdorbenes enthalten, die höchste Zier unseres Jahrhunderts und das notwendige Fundament, auf dem die Staaten ruhen, in dem Maße, dass ohne sie eine vollkommene Staatsregierung nicht denkbar sei, darum erscheint es Uns mit Rücksicht auf das öffentliche Wohl notwendig, diese Frage besonders zu erörtern". Der Papst legt zunächst dar, dass die Rechtsordnung den Freiheitsgebrauch des Menschen zu dessen Wohl einschränken muss: „Da es sich so mit der menschlichen Freiheit verhält, so musste sie gestählt werden durch entsprechende Hilfs- und Schutzmittel, durch welche ihre ganze Tätigkeit auf das Gute hin- und vom Bösen abgelenkt werde; widrigenfalls hätte die Willensfreiheit dem Menschen zum großen Schaden gereichen können". Dieser Ordnung steht das Naturrecht im Rücken: „Ein solches Gesetz ist an erster Stelle das Naturgesetz, welches geschrieben steht und eingegraben ist in die Seele jedes einzelnen Menschen; es ist nämlich die menschliche Vernunft selbst, die da das Gute befiehlt und das Böse verbietet". Das Naturrecht, aber auch das positive Recht der menschlichen Gemeinschaft, basiere auf Gott, durch, mit und in welchem der Mensch zur wahren Freiheit gelange: „Ob die menschliche Freiheit in dem Individuum oder in der Gesellschaft, ob sie denen, die befehlen, oder in denen, die gehorchen, betrachtet wird, zu ihrem Wesen gehört notwendig, dass sie jener höchsten und ewigen Vernunft unterworfen ist, die nichts anderes ist als die Autorität Gottes, der befiehlt und verbietet. Diese gesetzmäßigste Gewalt Gottes über die Menschen hebt so wenig die Freiheit auf oder mindert sie, dass sie dieselbe vielmehr schützt und vervollkommnet. Die wahre Vollkommenheit jeglichen Wesens besteht ja darin, dass es nach seinem Ziele strebt und es erreicht; das höchste Ziel aber, das der Mensch in seiner Freiheit anstreben soll, ist Gott". Daraus folgt das Recht zum Widerstand gegen „unrechtes Recht": „Die rechtmäßige Gewalt stammt von Gott, und wer der Gewalt widersteht, widersteht dem Willen Gottes; auf diese Weise erhält der Gehorsam eine ganz erhabene Würde, da er der gerechtesten und höchsten Autorität geleistet wird. Wo aber das Recht zu befehlen nicht vorhanden ist, oder wo etwas befohlen wird, was der Vernunft, dem ewigen Gesetze, dem Gebote Gottes zuwider ist, ist es recht, nicht zu gehorchen, nämlich den Menschen nicht zu gehorchen, damit Gott der schuldige Gehorsam geleistet werde. Hierdurch ist der Tyrannei der Zugang versperrt und die weltliche Obrigkeit angewiesen, dass sie nicht alles an sich ziehe, dem einzelnen Bürger sind seine Rechte gewahrt, ebenso der Familie wie allen Mitgliedern des Staatswesens; jedem wird das Maß seiner wahren Freiheit gegeben, das wie wir gezeigt haben, darin besteht, dass ein jeder nach den Gesetzen und nach der gesunden Vernunft leben kann".

Gegen diese Freiheit, der die Kirche immer als „Schützerin" gedient habe, wende sich nun der Liberalismus, der „unvernünftig" und sogar „gefährlich" sei, was an der „Kultusfreiheit", der „Rede- und Pressefreiheit" sowie der „Lehrfreiheit" verdeutlicht wird, immer mit dem Anspruch, dass es erstens die Wahrheit gibt, dass sie zweitens zu erkennen ist und dass sie drittens in der kirchlichen Lehre ihren anzuerkennenden Ausdruck findet.

Das ist heute – nach dem Zweiten Vatikanischen Konzil – schwer verdauliche Kost. In Teilen – vor allem in der Diktion – ist es schlicht zurückzuweisen. Doch ich will mal für Gregor XVI. und Leo XIII. etwas Ehrenrettung betreiben. Die Päpste des 19. Jahrhunderts haben geahnt, dass ein bloß subjektivistisch begründetes Gewissen nicht als moralische Instanz taugt, soweit man daran festhält, die Existenz und Erfahrbarkeit einer universalen moralischen Wahrheit zu behaupten. Das ist das ethische Argument gegen subjektivistische Gewissensfreiheit: Ein inhaltsleeres Gewissen, das beliebig gefüllt werden kann, hat keinen Wert und damit keine Bedeutung für die Ethik. Es ist richtig, dass sich die Kirche sorgt, das Gewissen könne zum leeren Begriff und zum beliebig einsetzbaren Joker in der Moraldebatte werden. Das Gewissen ist als subjektive Gegebenheit Ausdruck einer objektiven Wertordnung, bleibt also angebunden an moralische Wahrheit und an Verantwortung, einer Verantwortung gegenüber der außerhalb des Menschen stehenden absoluten Normativität, sprich: des göttlichen Gebots, das qua Naturrecht ins Subjekt gelangt und dort gleichsam Manifestation des Objektiven ist und bleibt.

Ergo: Soll das Gewissen überhaupt eine Rolle in der Ethik spielen, darf es nicht derart ausgehöhlt werden, wie Gregor und Leo dem Liberalismus unterstellten, überzogen in der Form, zu misstrauisch dem Menschen gegenüber, doch nicht gänzlich verfehlt, wie an den Ego-Debatten heute zu erkennen ist. Die Forderung nach strenger Prüfung des Gewissens ist von daher berechtigt. Man darf es sich mit der Berufung auf das Gewissen nicht zu einfach machen, schon gar nicht *bequem*.

Die Kirche hatte im 19. Jahrhundert offenkundig vergessen, dass Wahrheit nur in Liebe zu haben ist, so, wie Liebe nur in Wahrheit zählt. Daher mussten sich die Verfechter rechtsverbindlicher Kodizes nicht nur gegen die weltlichen, sondern auch die geistlichen Machthaber durchsetzen, um für ihre Vorschläge jene juridische Bindungskraft zu erringen, die das Individuum von den Institutionen Staat und Kirche emanzipierte. Und: Mit der christlich verstandenen Würde argumentierte man überkonfessionell gegen die Freiheit, auch noch im 20. Jahrhundert, wie Arnulf von Scheliha zeigt.

Beide Sichtweisen auf das Verhältnis des Christentums zur Freiheit sind von Hans Joas in seiner Studie zur Genealogie der Menschenrechte auf den Punkt gebracht worden: Einerseits gebe es diejenigen, die meinten, die Freiheitsrechte seien „nicht die Frucht irgendeiner religiösen Tradition, sondern vielmehr die Manifestation eines Widerstands gegen das Machtbündnis von Staat und (katholischer) Kirche oder gegen das Christentum als Ganzes", andererseits deuteten einige Vertreter aus den Reihen „christlicher, vornehmlich katholischer Denker" auf „langfristige religiöse und intellektuelle Traditionen" hin, durch welche den liberalen Menschenrechten „der Weg gebahnt" wurde, vor allem „das Verständnis der menschlichen

Person, wie es aus dem Evangelium zu uns spricht". Axiologisch wendet es Beate Beckmann-Zöller: „Der Wert der Freiheit entstammt nicht erst der Zeit der ‚Aufklärung'. Der westliche Liberalismus ist ein ‚legitimes Kind des Christentums', wenn auch kein ‚Wunschkind'", denn: „Christliche Erlösung meint ‚Frei-werden von' Fesseln der Selbstsucht *und* ‚Frei-sein für' den Nächsten und die Kulturgestaltung" – ein durchaus christliches Proprium. Man kann es vielleicht so ausdrücken: Ohne die Institution Kirche als politisch wirksamer Machtfaktor, als weltliche Repräsentation der Christenheit wäre die Freiheits- und Menschenrechtsidee möglicherweise früher und flächendeckender umgesetzt worden, ohne Christentum hingegen wäre sie mit Sicherheit gar nicht erst entstanden.

Das kann man heute daran erkennen, dass sich Freiheitsrechte vor allem in den (traditionell) christlichen Regionen etablieren konnten, während in Fernost und in der vom Islam geprägten Hemisphäre zum Teil drastische Unfreiheit herrscht: Iran, Saudi-Arabien, China, Nordkorea. Die Liste ist keinesfalls abgeschlossen; man vergleiche die regelmäßig veröffentlichten Ranglisten zur Religions- und zur Pressefreiheit. Dabei zeigt sich zum einen: Wer Christenverfolgung betreibt, lässt auch Journalisten nicht in Ruhe arbeiten. Zum anderen wird deutlich: Viele der Repressionssysteme des 21. Jahrhunderts sind historisch *nicht* christlich geprägt.

Das Christentum muss aber auch bei uns, im „Westen", die Fahne der Freiheit und das Banner der Würde hochhalten. Für Jörg Dierken fungiert die „religiöse Leitkategorie" Freiheit insoweit als ein Korrektiv unserer Zeit, das angesichts der „scheinbaren Eigengesetzlichkeit medialer Kommunikationskultur, der Selbstzwecklichkeit kapitalistischer Erwerbsökonomie und der szientifischen Naturalisierung des Menschen einschließlich seines Innenlebens" zur Geltung kommen müsse, um den „freiheitsgefährdenden Entwicklungen der Moderne" entgegenzuwirken. Dass genau dieses Korrektiv heute nötiger ist denn je, zeigt die Entwicklung der Diskussion um Lebensschutzfragen, die Beurteilung des Verhältnisses von Würde und Freiheit bei Themen wie Abtreibung und Sterbehilfe. Hier muss die christliche, an Gott zurückgebundene und durch die Würde begrenzte Freiheit in Anschlag gebracht werden. Dazu weiter unten mehr.

Freiheit als Thema der Philosophie

Zunächst noch mal einen Schritt zurück – einige systematische Erörterungen zum Freiheitsbegriff. Worüber sprechen wir, wenn wir „Freiheit" sagen? Das kommt ganz auf das „System" an, in dem der Begriff zum Tragen kommt. Der Verwendungszusammenhang gibt dem Konzept jeweils eine bestimmte Richtung. Politische Freiheit ist etwas anderes als Freiheit in der Ethik und in der Handlungstheorie, individuelle Freiheit etwas anderes als kollektive. Man kommt dem Begriff noch am ehesten auf die Schliche, indem man innere und äußere Freiheit unterscheidet und dazu jeweils einen positiven und einen negativen Modus betrachtet, wie dies Armin G. Wildfeuer in seinem Artikel „Freiheit" im *Handbuch Ethik* tut.

Die Geschichte der Konzeption der Freiheit ist von diesen Dimensionen geprägt, wobei vor allem die innere Freiheit bzw. die Verbindung von *Freiheit und Wille* im Zentrum des Nachdenkens in der Philosophie steht – und das bereits seit 2500 Jahren. Leider scheint dabei das zu gelten, was für so ziemlich alle zentralen Begriffe der Philosophie gilt, dass nämlich mit zunehmender Intensität der Debatte immer weniger klar wird, was sie bedeuten. In der Antike hatte man noch eine ziemlich deutliche Vorstellung von Freiheit. Freie Handlungen galten als Ausdruck des sittlichen und vernünftigen Wollens – nach Sokrates ist derjenige frei, der sittlich und vernünftig handelt. Ähnlich Platon: Der von den Begierden Gefesselte ist unfrei; frei wird, wer sich davon lösen kann. Bei Aristoteles tritt der epistemische Aspekt hinzu: „Als unfreiwillig gilt also, was unter Zwang und auf Grund von Unwissenheit geschieht. Dementsprechend darf als freiwillig das gelten, dessen bewegendes Prinzip in dem Handelnden selbst liegt, wobei er ein volles Wissen von den Einzelumständen der Handlung hat". Ein wichtiger Gedanke, der zu der Frage Anlass gibt: Weiß diejenige, die aus „freier" Entscheidung eine Abtreibung vornehmen lassen möchte, weiß derjenige, der für den geplanten „Freitod" um Hilfe bittet, wirklich, was sie, was er „will"?

Es wird in der Antike also zwischen dem vernünftigen Willen und der unvernünftigen Begierde unterschieden, ganz so wie später Kant, der Freiheit als Unabhängigkeit von „der Nötigung durch Antriebe der Sinnlichkeit" bzw. als Selbstbestimmung seitens der Vernunft, des vernünftigen Willens auffasst. Kant nennt eine solche Freiheit die „Freiheit im praktischen Verstand". Das heute so schrankenlos verstandene (und oft auch zügellos gelebte) „Ich bin so frei!" findet hier ein rationales Regulativ.

Die Verbindung von Freiheit und (vernünftigem) Willen prägt auch heute den philosophischen Diskurs. Freiheit ist hier schon mal die „Entdeckung des eigenen Willens" (Peter Bieri). Von Beginn an war diese Verbindung mit dem Problem des Determinismus konfrontiert, als metaphysischer Determinismus in der Stoa, als theologischer Determinismus bei Augustinus, weitergeführt von der Prädestinationslehre, aufgelöst von Gottfried Wilhelm Leibniz, der in seiner *Theodizee* Vorhersicht Gottes und Vorherbestimmung des Menschen voneinander trennt und damit das christliche Problem in der Debatte löst, nämlich die Frage, wie sich die Freiheit des Menschen angesichts der Allmacht Gottes verstehen lässt.

Die Frage nach den Bedingungen der Möglichkeit von Freiheit in einer Welt der Notwendigkeiten gehört zu den schwierigsten überhaupt. Eine echte Philosophenfrage. Es gibt kaum einen Denker, der sich ihr nicht gestellt und sie zu beantworten versucht hat. Heute sorgt die Gehirnforschung mit ihren neurowissenschaftlichen Experimenten für Zweifel, ob sich der reibungslose Übergang vom freien Willen zur frei gewählten Entscheidung und zur freiwilligen Handlung bis hin zur freien Konstitution einer freiheitlichen Gesellschaft so halten lässt. Bereits der freie Wille steht zur Disposition. Die Frage kann mit Peter Bieri wie folgt gestellt werden: „Untergräbt die Regie des Gehirns die Freiheit des Willens?"

Wir müssen uns beim Thema *Willensfreiheit und Determination* durch ein Gebiet durchkämpfen, das für unseren Freiheitsbegriff, also für die Art und Weise, wie Menschen „Freiheit" verstehen, völlig irrelevant ist. Wir müssen aber diesen steinigen Weg gehen, um zu verstehen, *warum* es irrelevant ist. Die Beschäftigung mit neurowissenschaftlichen Angriffen auf die Willensfreiheit ist schwierig und ärgerlich, aber insoweit eben auch sehr wichtig.

Freiheit des Willens

Zunächst einmal sollten wir festlegen, was wir unter dem *Willen* verstehen möchten. Ich halte folgende Definition für brauchbar: *Der Wille ist das subjektive Prinzip aller Freiheit, das die Freiheit im Menschen konstituiert.* Man erkennt hier, dass der Begriff Wille direkt und untrennbar, so scheint es jedenfalls, mit dem Begriff der Freiheit verbunden ist, als das Prinzip der Freiheit, als das, was im Menschen der Freiheit eine Gestalt gibt und ihr Ausdruck verleiht. *Freiwillig* ist also eine Bezeichnung für das Wesen des konstituierenden Wollens eines Menschen, welches dieser *von sich aus*, also selbst, und vor allem frei bestimmt. Willensfreiheit bedeutet eine Unabhängigkeit des Willens von jedweder zwingenden, beeinflussenden Kausalität, äußeren und inneren Ursachen in dem Sinne, dass der Wille als konstante Fähigkeit des Wollens einen Kern enthält, der nicht Produkt oder Wirkung irgendwelcher anderen Faktoren ist.

Und genau darin, in den „anderen Faktoren", liegt das Problem, wie uns die Neurowissenschaftler zeigen möchten. Sie behaupten, das die neuronalen Prozesse im Gehirn genau solche Faktoren sind, die den Willen bestimmen. Sie sagen: Der Willensakt geht den neuronalen Prozessen nicht voraus, sondern ergibt sich aus ihnen. In entsprechender Weise folgt das Gefühl, eine Handlung intendiert zu haben – also der Willensakt – den für eine Willkürhandlung notwendigen kortikalen und subkortikalen Prozessen und tritt zusammen mit den nachfolgenden Handlungen auf.

Exkurs: Das Libet-Experiment

Der US-amerikanische Physiologe Benjamin Libet führte Anfang der 1980er Jahre Versuche durch, die darauf abzielten, die zeitliche Abfolge von bewusster Handlungsentscheidung und motorischer Umsetzung der Entscheidung in einer Handlung zu messen. Das nach ihm benannte „Libet-Experiment" löste eine kontroverse Diskussion über mögliche Schlussfolgerungen hinsichtlich der Freiheit des menschlichen Willens aus. In der Tat geht das Versuchsdesign des „Libet-Experiments" aber am philosophischen Handlungsbegriff vorbei: In der dortigen Freiheitsdiskussion werden menschlichen Handlungen für wesentlich komplexer erachtet als das, was die Probanden in den Versuchen Libets zu tun hatten. Das „Libet-Experiment" erreicht den Handlungsbegriff nicht, denn Handeln ist mehr als „Reagieren". Damit sagt es im philosophischen Sinne auch nichts über Freiheit aus.

Die Neurowissenschaftler wollen damit zeigen, dass es keinen freien Willen gibt, weil diesem etwas vorausgeht, nämlich neuronale Prozesse im Gehirn. Reicht das bereits aus, um Freiheit in Abrede zu stellen? Was genau können sie zeigen? Wir sind nicht frei, sondern „Sklaven" unserer Neuronen? Ist es das? Wir sind, wenn wir frei sein wollen, immer noch bestimmt durch unsere Vernunft, könnte man auch sagen, weit weniger spektakulär. Soweit war die Antike auch schon, wenn wir uns an Platon und Aristoteles erinnern. Dennoch hat die Aussage „Der Willensakt geht den neuronalen Prozessen nicht voraus, sondern ergibt sich aus ihnen" etwas sehr Gewöhnungsbedürftiges und Missverständliches, das es aufzuklären gilt, vor allem hinsichtlich der Reichweite dieser These für die Deutung des Freiheitsbegriffs.

Wir müssten zwischen dem starken und dem schwachen Determinismus unterscheiden. Das, was die Hirnforscher meinen, wenn sie behaupten, es gäbe keinen freien Willen, weil vorher stets unsere Neuronen in einer ganz bestimmten, festgelegten Weise feuern, kann man als starken Determinismus auffassen.

Was ist davon zu halten? Kurz gesagt: Nichts. Denn: Dem Postulat des starken Determinismus ist ein Zirkel inhärent, der es bereits aushebelt, sobald es formuliert wird. Jeder würde ja von sich behaupten, frei zu sein, aus freien Stücken auf etwas gekommen, zu etwas gelangt zu sein. Auch der Hirnforscher mit seinem starken Determinismus-Postulat. Damit widerspricht er sich aber: Wenn er meint, das Determinismus-Postulat frei entwickelt zu haben, dann stimmt dieses Postulat nicht immer, etwa in genau dem Fall, der hier zur Debatte steht: die Entwicklung eben dieses Postulats. Und dass es immer stimmt, ist ja gerade Inhalt des Postulats eines starken Determinismus, bei dem ja alles determiniert sein soll. Es wird also etwas behauptet, das bereits durch die Behauptung widerlegt wird.

Schwache Deterministen sind wir alle, weil wir ohne kausale Bindungen und Zusammenhänge zwischen verschiedenen Ereignissen überhaupt nicht sinnvoll leben könnten. Wenn ich essen will, muss ich den Mund aufmachen. Ich hab nicht die Möglichkeit, den Mund geschlossen zu halten. Wenn ich mich entscheide, etwas zu essen, dann ist mein Verhalten, was meinen Mund angeht, ziemlich festgelegt. So etwas nehmen wir nicht als Problem im Kontext des Freiheitsbegriffs wahr. Aber man könnte das ja mal als Problem auffassen. Wenn ich zeigen will, dass jemand, der isst, determiniert ist, dann könnte ich ihn darauf hinweisen, dass er gezwungen ist, den Mund zu öffnen, wenn er essen will. Er ist also nicht frei. Wenn er dann nicht mehr isst, um den Mund geschlossen zu halten, reagiert er ja auch auf etwas, nämlich auf meine Intervention. Er ist dann also auch nicht frei.

Aber das ist nicht nur für das wirkliche Leben im Alltag irrelevant, sondern auch für die philosophische Analyse des Freiheitsbegriffs, denn wir bekommen das mit dem Zweck-Mittel-Denken im Rahmen der Handlungstheorie gut in den Griff. Wenn ich A will (also: „essen"), A geht aber nicht ohne B (nämlich: „Mund aufmachen") und um diese Abhängigkeit weiß ich, dann muss ich B bereits wollen, wenn ich mich für A entscheide, dann bin ich frei in Bezug auf A *und* B.

Es gibt natürlich Fälle, in denen man B nicht oder nicht hinreichend genau kennt. Wo man sich durch A auf etwas einlässt und B einen dann möglicherweise überrascht. In solchen Fällen bleibe ich nur dann frei, wenn ich die Möglichkeit habe, von A zurückzutreten, wenn ich B nicht mehr realisieren kann oder will. Das ist manchmal nicht der Fall und dann empfinden wir deutlich eine Abhängigkeit, eine Unfreiheit (etwa bei Bindungen durch Verträge). Das hat aber nichts damit zu tun, dass wir grundsätzlich von vorne herein determiniert gewesen wären, sondern einfach damit, dass durch unser Handeln Bindungen entstanden sind, die unseren Freiheitsraum einschränken, die zum Zeitpunkt des Eingehens aber gewollt waren und damit freiwillig eingegangen wurden, soweit eben keine inneren und äußeren Zwänge maßgeblich waren.

Wer in eine bestimmte Wohnung einziehen will, der muss einen Mietvertrag unterschreiben. Findet sie oder er dann eine bessere Wohnung, bleibt die Person üblicherweise für eine bestimmte Zeit (Kündigungsfrist) an den unterschriebenen Vertrag gebunden. Dann kann man zwar in die bessere Wohnung einziehen, muss aber für die erste Wohnung zusätzlich Miete zahlen, auch ohne sie zu nutzen. Man ist darin nicht mehr frei, weil man sich durch Handlung A („Mietvertrag abschließen") zur Handlung B („Miete zahlen") verpflichtet hat. Natürlich auch noch zu weiteren Handlungen, aber bleiben wir mal bei A und B. Die Person wusste von A *und* B und willigte in beides ein. Dann ist A zwar eine Determination für B, aber A erfolgte ja aus freien Stücken, und B war zum Zeitpunkt, wo A erfolgte, bekannt und gewollt, wurde also ebenfalls aus freien Stücken akzeptiert.

Das neurowissenschaftlich aufgebrachte Willensfreiheitsproblem erweist sich als hochgradig irrelevant in Bezug auf den philosophischen Freiheitsbegriff und dessen Bedeutung für Ethik und Handlungstheorie. Der starke Determinismus scheitert schon an sich selbst und an der Wirklichkeit, weil wir in der Wirklichkeit gar nichts von dem merken, was er beinhaltet, weil dort die äußeren Bedingungen bei weitem überwiegen. Könnte ich jemanden, der im Gefängnis sitzt, wirklich damit trösten, wenn ich ihm sagte: „Was hast Du denn, ich bin doch auch nicht frei!" – wohl kaum. Der schwache Determinismus ist unproblematisch, ja sogar hilfreich, weil er Optionen auszublenden hilft und damit zu vernünftigem Freiheitsgebrauch befähigt.

Das, was Neurowissenschaftler mit dem Nachweis vorgelagerter Prozesse im Gehirn widerlegen können, *absolute* Willensfreiheit, ist nicht nur in der Tat unmöglich, sondern wäre auch nicht gut für uns Menschen. Ein absolut freier Wille wäre launisch, zufällig, unberechenbar, zusammenhanglos – ein Wille in kausalem Vakuum. Freiheit ist daher gar nicht primär die Frage nach dem freien, i.e. von nichts außer sich selbst bestimmten Willen, sondern ein Begreifen der paradoxen Freiheitserfahrung als Differenz von Freiheit und Unfreiheit im

Rahmen universeller Bedingtheit. Ein Möglichkeitsraum, der unendliche groß wäre, uns also *alle* Freiheiten ließe, würde uns schlicht überfordern. Einen Geschmack davon gibt im Alltag die „Qual der Wahl". Sie ist die Kehrseite der Freiheit. Wenn nun alles möglich wäre, wäre die Qual unendlich groß. Wie gut, so könnte man sagen, dass da unser Wille durch die Vernunft – oder auch durch ein Neuronenfeuerwerk – in seiner Freiheit eingeschränkt ist! Mit Hilfe der praktischen Rationalität müssen wir dort, wo nicht schon äußere Einschränkungen bestehen, das Ausblenden von zur Verfügung stehenden Optionen einüben, um überhaupt ein freies Leben führen zu können. Sonst unterliegen wir dem Zwang, nichts von diesen Optionen verpassen zu wollen und werden damit unfrei (vgl. den Abschnitt „Freiheit ist relativ").

Freiheit der Handlung

Es kommt bei der Frage, ob und inwieweit eine Handlung frei ist, nicht auf diese isolierte Einzelhandlung an, sondern auf das Geflecht von Handlungen, in das sie eingebettet ist. Wir müssen bei Handlungen immer den Kontext des größeren Handlungsrahmens sehen, wenn wir über Freiheit und Unfreiheit sprechen. Das meint auch der Rechtsbegriff der *Handlungsfreiheit*.

Die Neurowissenschaft trägt nichts zur Ergründung der Bedingungen der Möglichkeit von Handlungsfreiheit bei, da sie Handlungen auf isolierte Körperbewegungen beschränkt, ja: methodisch beschränken *muss*. Menschen definieren sich aber nicht darüber, wie sie sich bewegen, sondern wie sie *handeln*.

Robert Spaemann hat mal in einem unmittelbar einleuchtenden Beispiel zwei Dinge unterschieden: zum einen die Bewegung aus dem Bett, die meinetwegen um 7:05 erfolgt und von einem Neuronenfeuerwerk um 7:04:59 vorherbestimmt wird, und zum anderen der Wille zur Handlung „Aufstehen", die dadurch motiviert ist, dass man danach etwas vor hat. Das grundlegende Aufstehensmotiv selbst ist nicht eine *ad hoc*-Neuronenkonfiguration, sondern ergibt sich aus unserer Biographie, unseren Wünschen, Zielen etc. Die *eine* Entscheidung, die im Experiment gemessen wird, muss zur Grundeinstellung passen, sonst wird sie gar nicht erst erwogen.

Das ist die wirkliche Entscheidungsqualität im menschlichen Handeln: Entscheidungen sind Akte, zu denen ich mit meiner Persönlichkeit stehen muss. Und das hat mehr mit Gründen, Werten, Überzeugungen und meinem Selbstverständnis zu tun, als mit Neuronen, die in einer bestimmten Weise feuern. Anders gesagt: Wenn die Entscheidungen und Handlungen insgesamt ein Bild ergeben, mit dem ich mich als Person identifizieren kann, also sagen kann, dass ich dies will, dann können wir von freien und damit auch verantworteten Entscheidungen und Handlungen reden. Damit sprechen wir über das eigene *Ich*, über eine Ebene personaler Integrität, die über den Willensfreiheitsbegriff, der der neurowissenschaftlichen Forschung zugrunde liegt, weit hinausweist.

Exkurs: Das Ich und das Selbstbewusstsein

Hier könnte man natürlich entgegnen, dass Ich gerade die Gesamtheit der neuronalen Reize *ist*. Doch, hält man das wirklich durch, sich selbst, das eigene Ich als von den Neuronen vorgegaukelt anzusehen? Hält man das auch durch, wenn man einen Literaturpreis empfängt oder sich verliebt? Oder, wenn man Zahnschmerzen hat? Verweist man dann immer auf die feuernden Neuronen als letzte Quelle von Bedeutung und subjektivem Empfinden? Sagt man dann wirklich: „Meine Neuronen haben dafür gesorgt, dass ich mich gut (oder schlecht) fühle!" oder sagt man dem Zahnarzt einfach: „Ich habe Schmerzen!" Und meint man mit diesem „Ich" *mehr* als die feuernden Neuronen? Meint man, umgekehrt, nur so etwas wie: „Bitte stoppen Sie das Neuronenfeuerwerk, das bei mir zum Empfinden von Schmerz führt!" Und wer ist dann mit „Sie" gemeint? Müsste ich nicht vielmehr an seine Neuronen appellieren, sie mögen ihn veranlassen, meine Neuronen am Feuern zu hindern?

Klar, man kann so denken und man wird den, der so denkt, nicht widerlegen können. Einzig scheint mir eine solche Sicht auf den Menschen – und damit auch auf sich selbst – recht gewöhnungsbedürftig, eigentlich auch ziemlich abwegig. Nimmt man sich selbst aus, gerät man in einen direkten Widerspruch zum Postulat des starken Determinismus': Alles ist vorherbestimmt. Nimmt man sich nicht aus, ergibt sich der bereits erwähnte zirkuläre Widerspruch: Wenn alles vorherbestimmt ist, dann bin auch ich, dann sind auch meine Gedanken vorherbestimmt, also auch die Idee des Determinismus, die ich habe, die damit als determinierte Idee methodologisch ihren Inhalt präjudiziert. Man kann dann nicht anders als deterministisch denken – weil und soweit schon die Gedanken determiniert sind. Die Idee fällt auf ihre Prämisse zurück – es wird vorausgesetzt, was erwiesen werden soll. Das kann nicht überzeugen.

Stünde nicht so viel auf dem Spiel, könnte man die ganze Sache als Elfenbeinturmdebatte abtun und sich etwas anderem zuwenden. Doch wird die Antwort auf die Frage, wer oder was genau „Ich" sein soll, ob es „Freiheit" (und damit „Verantwortung") gibt, unsere Moralität, unserer Rechtssystem, unsere gesamte Lebenspraxis beeinflussen. Deswegen ist die Frage wichtig, deswegen ist sie aber auch ideologisch aufgeladen, was eine Antwort nicht leichter macht.

In diesem Zusammenhang fällt auf, dass neurowissenschaftliche Fortschritte sehr bald, eigentlich vorschnell popularisiert werden, während die kritisch Stimmen aus der Philosophie des Geistes leise bleiben. Das hängt natürlich auch mit der Marktfähigkeit der Produkte zusammen. Die Neurowissenschaftler haben bunte Bilder, die Philosophen komplizierte Sätze. Menschen gucken aber lieber bunte Bilder als dass sie komplizierte Sätze lesen. Somit steht es schon mal 1:0 für die Gehirnforschung. Auch Politiker und Entscheidungsträger in Stiftungen gucken lieber bunte Bilder als dass sie komplizierte Sätze lesen. Deswegen geht das Geld an die Neurowissenschaftler. Denn die bringen kommunizierbare und eingängige Ergebnisse. Doch die Überlegungen zum „Ich", die über die reistische, materialistische Sicht des Menschen hinausweisen und eine phänomenologische Dimension eröffnen, die an bestimmten Punkten den Geist erfordert, um überhaupt noch konsistent und ehrlich über sich nachdenken zu können, lassen sich nicht abstreiten. Es sind schließlich Erfahrungen, die wir mit uns selbst machen. Täglich.

Wie wir uns erfahren, hängt wiederum von uns ab. Wir fühlen, dass uns ein präreflexives Selbstverständnis innewohnt, das allem im Rücken liegt, was ich sonst noch über mein Ich erfahren und sagen kann: ein Bewusstsein meines Ichs, mein *Selbstbewusstsein*. Dieses lässt sich nicht mehr weiter aufschlüsseln und erklären, sondern bleibt uns eigentümlich fremd, obwohl uns nichts näher ist – ein Paradoxon, das uns schier um den Verstand bringen kann. Wirklich zur Ruhe kommen kann man dann wohl nur, wenn man sich, also das eigene Ich, in etwas geborgen weiß, das dieses Ich übersteigt, ein allumfassender Geist, der größer ist als die individuelle Seele. Dieser Geist wird in der christlichen Tradition *Gott* genannt. Die Bezugnahme auf Gott ist eine, die dem Ich Ruhe und Geborgenheit gibt, ja, die das Ich als „Ich" erst ermöglicht. Man sagt dann zwar: „Der Mensch ruht in sich". In Wahrheit aber ruht er in Gott, denn es bedarf des Polsters einer höheren Dimension, um *wirklich* zur Ruhe zu kommen. Dies kann der Selbstbezug nicht leisten. Wer den Menschen als Person begreift, der nach der Vorstellung Gottes geschaffen ist, kann ihn unmöglich ohne diesen Bezug zu Gott verstehen.

Also: Wir wählen – frei, aber nicht *ganz* frei – und entscheiden uns für bestimmte Handlungen. Aus ziemlich freier Wahl und ziemlich freier Entscheidung erfolgen Handlungen, die uns als Personen *zuzurechnen* sind und die wir dementsprechend zu *verantworten* haben – vor Gott und den Menschen. Da beißt die Maus keinen Faden ab – trotz der Neurowissenschaften.

Freiheit ist relativ

Es zeigt sich zudem, dass lebbare Freiheit nicht absolut, sondern relativ ist. Es gilt: „Der Mensch ist frei wie ein Vogel im Käfig. Er kann sich innerhalb gewisser Grenzen bewegen" (Johann Kaspar Lavater). Menschliche Freiheit ist relativ, denn sie ist immer an die Bedingungen gebunden, die durch Wille, Wahl und Entscheidung konstituiert werden. Absolute Freiheit, wenn es sie denn für den Menschen gäbe, wäre – ich wiederhole mich gerne – eine Freiheit im kausalen Vakuum. Sie führte zu Entscheidungsunfähigkeit und damit zur Unfreiheit. Echte Freiheit gibt es nur unter Bedingungen. Nur eine solche Freiheit macht überhaupt Handlungen möglich, die über (messbare) Reizreaktionen hinausgehen.

Eine (paradoxe) Möglichkeit, ein Mehr an Freiheit zu erlangen, ist deshalb die freiwillige Selbstbindung. Ein schönes Beispiel ist das Verhalten des Odysseus, das ich in einer Arbeit meines Doktorvaters Thomas Gil erwähnt fand. Odysseus lässt sich von seiner Mannschaft an den Mast seines Schiffes fesseln, um dem Gesang der Sirenen lauschen zu können, ohne ihm anheim zu fallen. Ein „Mehr" an Freiheit – hier und jetzt – führte, das erkennt der kluge Odysseus, ins Verderben, zur Vernichtung des Subjekts (und damit *aller* Freiheit), dessen Freiheit gerade durch die vom Subjekt gewollte Selbstbindung gerettet wird.
Eines der größten Probleme unserer Zeit scheint mir in deisem Kontext die Verbindung von Freiheit und Vielfalt zu sein. Dem Menschen immer mehr Möglichkeiten zu erschließen, bedeutet aber nicht, ihm immer größere Freiheit zu verschaffen. Das Gegenteil ist der Fall. Es gehört zu den bekannten Paradoxien der Freiheit, dass sich mit der Zunahme an Optionen weder emotional noch faktisch mehr Freiheit einstellt. Zudem wird Frei-

heit heute oft mit „Offenheit" in Verbindung gebracht. Offenheit ist aber nicht das gleiche wie Freiheit. Offenheit führt zu mehr Optionen, aber nicht zu mehr Freiheit. Und schon gar nicht zu einem gelungenen, glücklichen Leben. Die Sorge, eine Option zu „verpassen", die möglicherweise „besser" ist als die gewählte, kann geradezu lähmend wirken und Entscheidungsprozesse erheblich erschweren. Es gab hierzulande noch nie so viele Möglichkeiten für eine Berufsausbildung und zugleich noch nie so viele Menschen, die mit Mitte Zwanzig immer noch nicht wissen, was sie tun wollen. Offenheit und Optionenvielfalt führt zu „lähmender Freiheit".

Der Grundirrtum der Moderne, Freiheit sei Optionenvielfalt, kurbelt nicht nur die Wirtschaft an, und zwar viel stärker als das nötig wäre, er führt zudem zur Fehlbewertung von Lebensentwürfen, die bewusst auf Optionen verzichten. Freiwilliger Verzicht, gerade endgültiger Verzicht kommt nicht vor in der „Modalgesellschaft", in der für alle alles möglich sein und bleiben muss; die Kritik am Zölibat (aber auch an der traditionellen Ehe) rührt auch daher, dass Optionen aufgegeben werden – für immer und ewig. Der Wert einer bindenden Entscheidung – gegen das Offenhalten möglicher Optionen – ist heute nur noch schwer vermittelbar.

Freiheit und Bindung: Christliche Konzeption

Dagegen wird Freiheit im Christentum als Ausdruck angemessener Bindung verstanden. Bindung an Gott, an Verantwortung, an Pflicht. An das Wahre, Gute und Schöne. Alles andere ist keine befreiende Freiheit. Die „Freiheit des Christenmenschen" (Martin Luther) ist, wie die Freiheit des Menschen überhaupt, stets eine bedingte. Die Anerkennung der Bedingung erfolgt dabei – in Freiheit: „Die Freiheit eines Christenmenschen besteht in der freiwilligen Beugung unter Gott und Gottes Wort" (Friedrich von Bodelschwingh).

Für den Christen ist Gott die Bedingung der Freiheit und damit zugleich die erste und höchste Instanz der Verantwortung. Nur in der Teilhabe an Gottes absoluter Freiheit kann der Christ frei werden, so frei wie es dem Menschen zu sein möglich ist.

Interessant ist in dem Zusammenhang, wie das (sozialistisch konnotierte) *Philosophische Wörterbuch* (Leipzig 1964) den Begriff Freiheit definiert: als „Verhältnis des Menschen zur objektiven Gesetzmäßigkeit (Notwendigkeit) in Natur und Gesellschaft", gemäß der marxistisch-leninistischen Freiheitskonzeption, in der Freiheit und Notwendigkeit dialektisch aufeinander bezogen sind und es am Menschen liegt, diese Dialektik zu erkennen und in der Handlungspraxis zu beachten. Auch hier erscheint Freiheit nicht absolut, sondern – ganz materialistisch – an die „objektive Realität" gebunden. Das geht dann bekanntlich soweit, dass die individuelle Freiheit hinter die gesellschaftliche Notwendigkeit zurücktritt – Menschen, die noch eines der Systeme des „Ostblocks" kennengelernt haben, können ein trauriges Lied davon singen.

Doch es bleibt die Erkenntnis bestehen, dass auch die sozialistische Freiheit als eine gebundene verstanden wurde; im real existierenden Sozialismus erscheint sie dabei eingeschnürt und erstickt – ganz im Gegensatz zu den Verheißungen der Theorie, in der die „klassenlose Gesellschaft" des vollendeten Kommunismus als „Reich der Freiheit" beschrieben wird, für das der Sozialismus nunmehr die „Voraussetzung" schaffe, nämlich die „volle Entfaltung der persönlichen Freiheit" aller Menschen.

Die Gefahr der praktischen Pervertierung einer an und für sich guten Idee besteht auch in der Bindung der menschlichen Freiheit an Gott, wenn man diese Bindung ihrerseits als unbedingt missversteht, also etwa das Gewissen des Gläubigen durch formale Verpflichtung auf das göttliche Gebot seiner regulativen Funktion beraubt. Das durch objektive Vorgaben zu jeder Regung unfähige Gewissen ist eine Gefahr für die „volle Entfaltung der persönlichen Freiheit" (nicht zu verwechseln mit der „absoluten Freiheit der Person", die es in sinnvoller Weise nicht gibt). Diese Gefahr besteht, auch in der Religion, auch im Christentum, auch in der Katholischen Kirche.

Worin liegt nun das christliche Moment der Bindung? Wie zeigt sich die Gebundenheit des Menschen als Ausdruck christlichen Glaubens? Und: Welche Konsequenzen hat das?

Schauen wir in die Bibel. Paulus schreibt den Galatern: „Zur Freiheit hat uns Christus befreit" (Gal 5, 1). Freiheit kommt im Christentum also „von außen", von Gott. Es ist keine Freiheit, die sich in Unabhängigkeit erschöpft, sondern eine Freiheit in bejahter Abhängigkeit, es ist weniger eine „Freiheit von" als vielmehr eine „Freiheit zu". Freiheit ist in diesem Sinne keine Optionenvielfalt, sondern eine bewusste Bindung des Menschen an Gott als eine besondere Form der Selbstbindung, die man eingeht, um lebensfähig zu sein. Das ist nicht nur vernünftig, das ist weise: „Die Freiheit des weisen Menschen ordnet sich der Weisheit Gottes unter" (Gudrun Zydek).

Was ist das für eine Freiheit, zu der Jesus uns befreit? Es ist die Freiheit von Sünde und Schuld, die innere Freiheit, aus der die Kraft für äußere Freiheit erwächst.

In jener Zeit sprach Jesus zu den Juden, die an ihn glaubten: Wenn ihr in meinem Wort bleibt, seid ihr wirklich meine Jünger. Dann werdet ihr die Wahrheit erkennen, und die Wahrheit wird euch befreien. Sie erwiderten ihm: Wir sind Nachkommen Abrahams und sind noch nie Sklaven gewesen. Wie kannst du sagen: Ihr werdet frei werden? Jesus antwortete ihnen: Amen, amen, das sage ich euch: Wer die Sünde tut, ist Sklave der Sünde. (Joh 8, 31-34)

Wahrheit macht frei. Christus macht frei. Von der Sklaverei der Sünde. Es ist die innere Freiheit, die Jesus meint, während die „Juden, die an ihn glaubten" an die äußere Freiheit denken und darauf hinweisen, dass sie keine Sklaven sind – und dies auch nie waren. Nicht im Sinne des Rechtsstatus ihrer Person sind sie Sklaven, gleichwohl jedoch im Sinne der moralischen Verfassung, in der sie leben. Das meint Jesus, wenn er zugleich die Wahrheit, also sich selbst, als Lösung anbietet.

Tatsächlich: Man kann äußerlich frei sein, aber innerlich unfrei, gebunden, gefesselt. Und umgekehrt. Menschen wie Alfred Delp, Dietrich Bonhoeffer oder Nelson Mandela konnte man wegsperren und ihnen die äußere Freiheit nehmen – *frei* blieben sie trotzdem. Und gerade in den freiheitlichen Wohlstandsregionen, in denen die Menschen (fast) alles tun und lassen dürfen, steigt der Drogenkonsum und die Zahl der behandlungsbedürftigen Depressionen, Angst- und Zwangserkrankungen – traurige Zeichen innerer Unzufriedenheit. Niemand will eine Diktatur, die das Problem auf ihre Art „löst", doch die

Tatsache, dass mit der äußeren Freiheit nicht automatisch schon die Befreiung des Menschen eintritt, kann auf Dauer nicht verdrängt werden, schon gar nicht durch noch mehr „Freiheit" – also durch eine größere Vielfalt an Optionen.

Eine realistische Möglichkeit, ein Mehr an Freiheit zu erlangen, ist allein die freiwillige Selbstbindung. Für den Christen erfolgt diese als Bindung an Gott. Denn: Die Freiheit Gottes ist Grund der menschlichen Freiheit. Und Gott will uns in Christus befreien: „Der österliche Mensch ist das irdische Wesen mit der größten Freiheit" (Jörg Zink). Sich dem christlichen Glauben der Kirche anzuschließen, bedeutet also nicht die Aufgabe von Freiheit, sondern ganz im Gegenteil: die Ermöglichungsbedingung ungeahnter Freiheitserfahrung.

Freiheit ist Entscheidungsfreiheit, aber unter bestimmten Bedingungen und mit gewissen Konsequenzen. Entscheiden wir uns für das Gute, binden wir uns an Gott, so nutzen wir unsere Freiheit im positiven Modus. Entscheiden wir uns für das Böse, so missbrauchen wir die Freiheit. Dieser Missbrauch hätte sich nur vermeiden lassen – schöpfungstheologisch gesprochen – wenn Gott uns nicht als freie Wesen geschaffen hätte. Freiheit ist unsere Chance, der Missbrauch der Freiheit unser Risiko. Letztlich landen wir durch den Missbrauch in der Sklaverei, und zwar in der Sklaverei der Sünde. Während also der Freiheitsgebrauch im Sinne des Schöpferwillens zur Bindung führt, nämlich an Gott, so führt der Freiheitsmissbrauch zur Sklaverei, also zu einer maximalen Unfreiheit. Eine Bindung kann gelockert, ja, sogar gelöst werden, ein Sklavendasein hingegen ist eine Lebenssituation, in der einem alle Möglichkeiten selbstbestimmten Handelns abhanden gekommen sind.

Die Befreiung von der innerlichen Sklaverei der Sünde durch die Wahrheit (also: durch Jesus Christus) und die Abschaffung der Sklaverei als äußerliches Phänomen des Rechts- und Wirtschaftssystems gehören ganz eng zusammen. Das ist systematisch einsichtig: Wer die Sklaverei abschaffen will, muss zunächst von der Sünde befreien, die die *Sklavenhalter* gefangen hält. Sie sind gebunden an Gier und Geld, an Markt und Macht. Wenn diese Fesseln erst mal gelöst sind, kann ein Umdenken beginnen, das zur Ächtung von Sklaverei führt.

Der Zusammenhang lässt sich aber auch historisch nachweisen. Arnold Angenendt erinnert an die Rolle der „englischen und amerikanischen Dissenters, die ihre Länder zunächst für ein Verbot des Sklavenhandels und dann auch des Sklavenbesitzes zu mobilisieren vermochten". Sie beriefen sich nicht auf politische Revolutionen, sondern auf die Revolution schlechthin: „den durch Christi Sühneblut bewirkten Loskauf", die Erlösung des Menschen, die zur Befreiung aller Menschen motiviert.

Exkurs: Aufklärung, Sklaverei und Rassismus

Die Aufklärung entwickelte hingegen zur Sklavenfrage „keine eigenen Positionen, sondern übernahm allmählich die Positionen der Quäker und Evangelikalen", so Egon Flaig. Ansonsten kann man in der Sklavenfrage mit Delacampagne von der „Gleichgültigkeit der Humanisten" und dem „Schweigen der Philosophen" sprechen, die sich höchstens, so Robin Blackburn, zu Wort meldeten, um die religiösen Begründungen der Sklaverei durch pseudowissenschaftliche Versuche „rassischer Anthropologie" zu ersetzen. Im aufgeklärten 18. Jahrhundert dachten „nur wenige" der führenden Denker und Lenker „an eine restlose Abschaffung der Sklaverei", so Barbara Stolberg-Rillinger. Große Philosophen der Aufklärung – Hume, Kant, Montesquieu – erwiesen sich ziemlich unverhohlen als Rassisten.

David Hume behauptet, dass alle Nationen, die jenseits der Polarkreise oder zwischen den Wendekreisen leben, im Vergleich zum übrigen Menschengeschlecht minderwertig seien. Denn, so Hume, sie könnten jene Entwicklung zu zivilisierten Gesellschaften, die Hume ethisch begründet, „von Natur aus" nicht mitmachen. David Hume stand damit nicht allein. Der große Rechts- und Staatsphilosoph Charles de Montesquieu stellt fest, dass das Klima und die Art der Bodenbeschaffenheit in den tropischen Gefilden zwangsläufig zur Herausbildung von Sklavennaturen hatte führen müssen.

Ein besonders beredtes Beispiel anthropologischer Ignoranz liefert auch Immanuel Kant. In der „Nationenkunde" seiner Schrift *Beobachtungen über das Gefühl des Schönen und Erhabenen* lässt sich der in Königsberg fest verwurzelte Kant auf allerhand Urteile über europäische Nachbarn, aber auch über außereuropäische Kulturen ein, was dann in der Charakterstudie über die „Negers von Afrika" so klingt: Sie „haben von der Natur kein Gefühl, welches über das Läppische stiege". Mit Bezug auf David Hume fügt er hinzu: „Herr Hume fordert jedermann auf, ein einziges Beyspiel anzuführen, da ein Neger Talente gewiesen habe, und behauptet: daß unter den hunderttausenden von Schwarzen, die aus ihren Ländern anderwärts verführt werden, obgleich deren sehr viele auch in Freyheit gesetzt würden, dennoch nicht ein einziger jemals gefunden worden, der entweder in Kunst oder Wissenschaft, oder irgend einer andern rühmlichen Eigenschaft etwas großes vorgestellt habe, obgleich unter den Weißen sich beständig welche aus dem niedrigsten Pöbel empor schwingen, und durch vorzügliche Gaben in der Welt ein Ansehen erwerben. So wesentlich ist der Unterschied zwischen diesen Menschengeschlechtern, und er scheint eben so groß in Ansehung der Gemütsfähigkeiten, als der Farbe nach zu seyn". Wolbert Smidt weist darauf hin, dass Johann Friedrich Blumenbach bereits 1787 dieser Aufforderung Humes nachgekommen ist, indem er eine Liste bedeutender Schwarzafrikaner veröffentlichte.

Auch im 19. Jahrhundert ging es munter weiter mit der rassistischen Anthropologie: Preußens großer Staatsphilosoph Georg Wilhelm Friedrich Hegel begründet in seinen *Vorlesungen über die Philosophie der Geschichte* systematisch die natürliche Inferiorität der Neuen Welt und rechtfertigt historizistisch die Zerstörung indianischer Kulturen als ein notwendiges Ereignis: „Man hat sie in Europa gesehen: Geistlos und von geringer Fähigkeit der Bildung. Die Inferiorität dieser Individuen in jeder Rücksicht, selbst in Hinsicht der Größe, gibt sich in allem zu erkennen". Und weiter: „Von Amerika und seiner Kultur, wie sie namentlich in Mexico und Peru sich ausgebildet hatte, haben wir zwar Nachrichten, aber bloß die, daß dieselbe eine rein natürliche war, die untergehen mußte, sowie der Geist sich ihr näherte".

Die rassistische Bestimmung des Zivilisierten, Ingeniösen und Moralischen wurde im Europa der Aufklärung kaum hinterfragt. So ist ein rassistischer roter Faden erkennbar vom 17. bis zum 19. Jahrhundert, von Hume bis Hegel, an den auch die großen Vordenker des demokratischen Toleranz- und Freiheitsduktus in Frankreich und Preußen, Montesquieu und Kant, anknüpfen. Auf diese Weise wurde der Barbarisierung und Ausbeutung ganzer Völker ein „rationaler" und „aufgeklärter" Nährboden bereitet.

Es waren damals also nicht die vielgerühmten Denker der Aufklärung, sondern einfache, fromme Christen, die den Impuls gaben, die Sklaven zu befreien.

Die „einzig im Christentum eingeleitete Abschaffung der Sklaverei" (nur im Christentum sei sie überhaupt zum „religiösen Problem" geworden) verdanke sich, so Angenendt mit McKivigan, „mehr christlichen Prinzipien als christlichen Institutionen". Denn: Während die Evangelikalen in den USA die befreiende Botschaft des Christentums aufnahmen, um sie politisch umzusetzen, blieben die Päpste in der Sklavenfrage lange bei ihrer moraltheologischen Zurückhaltung und sprachen sich erst im 19. Jahrhundert entschieden gegen die Sklaverei aus, als die nordamerikanischen Christen schon längst die Pionierarbeit geleistet hatten.

Fest steht indes: Nur im Christentum wird Sklaverei überhaupt zum moralischen Problem, einzig die Christenheit leitete folgerichtig ihre Abschaffung ein. Während die großen Philosophen der Aufklärung die Sklaverei noch im späten 18. Jahrhundert mit rassistischen Argumenten rechtfertigten, hatte das Wirken von Christen in Nordamerika längst zur Ächtung von Sklavenhandel und Sklavenbesitz beigetragen. Sie setzten sich für die Würde und Freiheit der Sklaven ein, weil sie in der christlichen

Botschaft von der Erlösung des Menschen durch den Sühnetod Christi das Motiv für die Befreiung *aller* Menschen entdeckten. Die Christenheit sorgte damals ganz konkret dafür, dass es Freiheit für alle Menschen gibt, weil alle Menschen als Ebenbilder Gottes die gleiche Würde haben – ungeachtet ihrer Herkunft und Hautfarbe.

Also, zusammengefasst: Wahrheit macht frei. Christus macht frei. Die Wahrheit, durch die wir frei werden, ist Christus. Wir werden durch ihn befreit von der Sklaverei der Sünde – und damit fähig, andere Menschen zu befreien, mehr Freiheit zu wagen, auch in Organisationen und Strukturen, und damit der Welt zu mehr Freiheit zu verhelfen.

Der Beginn der Befreiung liegt allerdings in uns: im Willen zur Umkehr. Und zugleich im Willen, uns an Gott zu binden. Dazu einige Bemerkungen.

Weinstock und Reben

Die Qualität der Freiheit zeigt sich an der Qualität dessen, an das man sich bindet. Oder: an den man sich bindet. Und da fahren wir Christen mit dem Gott der Bibel sehr gut, einem Gott, der sich – aus absoluter Freiheit – um des Menschen willen in ganz eigener Manier selbst dem Prinzip der Freiheit durch Bindung unterwirft – und in Christus ein Mensch wird, der sich binden lässt. Und dadurch befreit. Freiheit im Christentum ist Freiheit durch Bindung an den *menschgewordenen* Gott. Jesus Christus ist dabei Vorbild und Orientierung. Er lebte als Mensch wie wir unter den Bedingungen der menschlichen Existenz, und blieb doch stets frei von den Verlockungen der Welt – Macht, Einfluss, Reichtum. Der Trierer Bischof

Stephan Ackermann meinte dazu einmal: „Um uns wirklich zu befreien, braucht es den, der wirklich frei ist, nicht gefesselt an sich selbst, sondern ganz frei aus der Freiheit Gottes selbst heraus: der Sohn Gottes".

Der Christ lebt in Bindung an Gott und aus Gott. Diesen Umstand verdeutlicht ein biblisches Bild, das Jesus einführt, das Bild vom Weinstock und den Reben. In Rahmen seiner „Abschiedsreden" spricht Jesus über das Verhältnis des Sohnes zum Vater, des Menschen zu Gott und der Menschen zueinander. Dabei ist die *Einheit* ein zentrales Motiv. In diesem Sinne braucht es ein Konziliarprinzip – die *Liebe*. Um Einheit in Liebe zu verwirklichen, und das auch noch aus freiem Entschluss, muss der Christ in Verbindung bleiben mit Gott. Er braucht die „religio" (Verbindung), die rituelle Beziehung in Gottesdienst und Gebet. Da Einheit, Liebe und Freiheit auf Dauer angelegt sein sollen, braucht der Christ die feste, dauerhafte Verbindung mit Gott. So, wie die Reben fest mit dem Weinstock (oder: Weinberg) verbunden sind – und diese Verbindung eine gewisse Dauer hat. Das christologische Moment ist hierbei nun, dass Jesus sich selbst als „der wahre Weinstock" vorstellt, dass es also für die „Reben" auf die Beziehung zu ihm, Christus, ankommt.

Ich bin der wahre Weinstock, und mein Vater ist der Winzer. Jede Rebe an mir, die keine Frucht bringt, schneidet er ab, und jede Rebe, die Frucht bringt, reinigt er, damit sie mehr Frucht bringt. Ihr seid schon rein durch das Wort, das ich zu euch gesagt habe. Bleibt in mir, dann bleibe ich in euch. Wie die Rebe aus sich keine Frucht bringen kann, sondern nur, wenn sie am Weinstock bleibt, so könnt auch ihr keine Frucht bringen, wenn ihr nicht in mir bleibt. Ich bin der Weinstock, ihr seid die Reben. Wer in mir bleibt und in wem ich bleibe, der bringt reiche Frucht; denn getrennt von mir könnt ihr nichts vollbringen. Wer nicht in mir bleibt, wird wie die Rebe weggeworfen, und er verdorrt. Man sammelt die Reben, wirft sie ins Feuer, und sie verbrennen. Wenn ihr in mir bleibt und wenn meine Worte in euch bleiben, dann bittet um alles, was ihr wollt: Ihr werdet es erhalten. Mein Vater wird dadurch verherrlicht, dass ihr reiche Frucht bringt und meine Jünger werdet. (Joh 15, 1-8)

Nur wer in dieser Verbundenheit bleibt und diese als Einheit begreift, kann Frucht bringen, also: lieben. Jesus verdeutlicht die vitale Einheit der Christen mit ihm, Christus, durch ein organisches Bild, das unmittelbar einleuchtet. Darum erklärt er das Gleichnis auch nicht, wie er es bei anderen Bildreden schon mal tut. Den Zuhörern dürfte es gut bekannt gewesen sein, denn es hat seine tiefen Wurzeln im Alten Testament, zahlreiche Stellen zeugen davon (Dtn 32, 32; Jes 5, 1-7; Ez 15, 1-8).

Gemeinsam ist ihnen, dass immer wieder die Bedeutung der Bindung betont wird, dass diese Einheit aber nicht durch Druck oder Zwang entsteht, sondern in einer Liebe, die alle Freiheit gibt, als Band, das nicht einschnürt, sondern löst. Das schließt auch das Scheitern ein, von dem der Prophet Jesaja spricht:

Ich will singen von meinem Freund, das Lied meines Liebsten von seinem Weinberg. Mein Freund hatte einen Weinberg auf einer fruchtbaren Höhe. Er grub ihn um und entfernte die Steine und bepflanzte ihn mit edlen Reben. Er baute in seiner Mitte einen Turm und hieb zudem eine Kelter in ihm aus. Dann hoffte er, dass der Weinberg Trauben brächte, doch er brachte nur faule Beeren. Und nun, Bewohner Jerusalems und Männer von Juda, richtet zwischen mir und meinem Weinberg! Was hätte es für meinen Weinberg noch zu tun gegeben, das ich ihm nicht getan hätte? Warum hoffte ich, dass er Trauben brächte? Und er brachte nur faule Beeren! Jetzt aber will ich euch kundtun, was ich mit meinem Weinberg mache: seine Hecke entfernen, sodass er abgeweidet wird; einreißen seine Mauer, sodass er zertrampelt wird. Zu Ödland will ich ihn machen. Nicht werde er beschnitten, nicht behackt, sodass Dornen und Disteln hochkommen. Und den Wolken gebiete ich, keinen Regen auf ihn fallen zu lassen. Denn der Weinberg des Herrn der Heerscharen ist das Haus Israel und die Männer von Juda sind die Pflanzung seiner Lust. Er hoffte auf Rechtsspruch – doch siehe da: Rechtsbruch, auf Rechtsverleih – doch siehe da: Hilfegeschrei. (Jes 5, 1-7)

Der Herr hofft – er zwingt nicht. Der Herr schafft alle Voraussetzungen und Möglichkeiten, die wir nutzen – oder auch nicht. Darin besteht unsere Freiheit.

Gewissensfreiheit

Der freie Wille führt zu Entscheidungen, die wiederum zu Handlungen führen. Vor der Handlung ist die Entscheidung, vor der Entscheidung steht der freie Wille – und das Gewissen. Entscheidungen erwachsen aus dem Willen und werden vor dem Gewissen erwogen. Daher muss nicht nur der Wille, sondern aus das Gewissen frei sein. Die Freiheit des Willens ist das Konstitutionsmerkmal des Menschen, die Freiheit des Gewissens das ursprünglichste Recht des Menschen. Beides gehört zusammen, beides gehört zur Freiheit des Menschen: Wille und Gewissen. Ein Drittes tritt allerdings hinzu, damit die

Freiheit zu verantwortlichen Entscheidungen und Handlungen führt: Vernunft. Nur dann kann die Differenz von vernünftigem Willen und unvernünftigen Begierden entscheidungs- und handlungsleitend werden und Freiheitsgebrauch zu gelingendem Leben führen.

Thomas von Aquin hat bei seiner Deutung des Gewissens Wille und Vernunft verbunden. Bei Thomas sind menschliche Handlungen von der Vernunft und vom Willen bestimmt. Als Ursprung rationaler und motivationaler Leitmotive des Handelns ermöglichen sie menschliches Handeln, stellen also Konstitution des Handelns dar. Sie sorgen dafür, *dass* der Mensch überhaupt handelt. Hinzu kommen die Tugenden Weisheit und Klugheit, also die Fähigkeit zum Erkennen des Wahren und des Guten. Diese Tugenden sind die technischen Dispositionen des Handelns, sie bestimmen die Art und Weise, *wie* der Mensch handelt. Arbeiten Vernunft und Wille in tugendhaftem Sinne zusammen, also weise und klug, ergeben sich Handlungen, die technisch gelungen und sittlich gut sind. Der Mensch tut dann *das Richtige* und er tut es *richtig*. Das zu trennen ist entscheidend, denn man kann auch das Falsche „richtig" machen (etwa, indem man als Berufskiller einen Mord begeht, ohne Spuren zu hinterlassen) oder das Richtige „falsch" (man kennt das Problem der „guten Absicht" und der „hilflosen Helfer"). Aus den Fähigkeiten *Vernunft* und *Wille*, die jeder Mensch besitzt, und den Tugenden *Weisheit* und *Klugheit*, die im einzelnen Menschen mal mehr, mal weniger stark ausgeprägt sind, ergeben sich bei Thomas die Handlungen, die entsprechend des jeweiligen Tugendeintrags mal mehr und mal weniger gelungen bzw. gut sind.

Alle Entscheidungen werden also aus dem freien Willen getroffen, *gute* Entscheidungen, *nachdem* sie zusätzlich noch vor
dem vernünftig gebildeten Gewissen erwogen wurden. Das Gewissen muss gebildet sein, gebildet werden, anhand von moralischen Tugenden, die über die technische Dimension des Handelns hinausgehen. Gewissensfreiheit ist nicht zu verwechseln
mit subjektivistisch-autonomistischer Beliebigkeit; auch sie
bleibt gebunden an normative Vorgaben, die für den Christen
aus seinem Glauben folgen. Das meint „Bindung der Freiheit
an Gott" ganz konkret: Bei der Betrachtung und Erwägung von
Entscheidungen die Vorstellungen des religiösen Glaubens und
der aus diesen resultierenden Ethik zu berücksichtigen.

Das Zweite Vatikanische Konzil betont in *Dignitatis humanae*
die Pflicht jedes Christen zur sorgfältigen Prüfung der Gewissensentscheidung an der Moral der Katholischen Kirche, die
nichts anderes sei als die von Christus selbst berufene „Lehrerin der Wahrheit": „Bei ihrer Gewissensbildung müssen jedoch die Christgläubigen die heilige und sichere Lehre der
Kirche sorgfältig vor Augen haben. Denn nach dem Willen
Christi ist die Katholische Kirche die Lehrerin der Wahrheit;
ihre Aufgabe ist es, die Wahrheit, die Christus ist, zu verkün-
digen und authentisch zu lehren; zugleich auch die Prinzipien
der sittlichen Ordnung, die aus dem Wesen des Menschen
selbst hervorgehen, autoritativ zu erklären und zu bestätigen".
Allerdings warnt das gleiche Dokument vor einem objekti-
vistisch-heteronomistischen Ersticken des Gewissens. So soll
durch das Erwägen der kirchlichen Lehre die „Bildung eines
selbständigen Gewissens" keinen „Schaden nehmen". Das Gewissen bleibt frei. Doch nur ein von Willensfreiheit *und* Vernunft bestimmtes Gewissen führt zu Entscheidungen und
Handlungen, die verantwortlichen Freiheitsgebrauch zeigen.

Das gilt im Fall der Abtreibung für die Betroffenen (die Frau, die auch mit Wirkung für das Kind entscheidet, und der Kindsvater) sowie die Beteiligten (Ärzte, Schwestern, Angehörige). Keine Betroffene, kein Beteiligter darf gegen ihr oder sein Gewissen zu irgendetwas gezwungen werden. Das Gewissen ist – auch, wenn es objektiv irrt – als höchste Richtschnur für ethische Entscheidungen anzuerkennen. Schauen wir zunächst auf eine besonders Betroffene: die Frau im Schwangerschaftskonflikt, und wenden das zuvor Dargelegte auf ihren Fall an.

Das Gewissen ist die höchste Instanz der Entscheidung, aber es kann irren. Der Punkt ist nun, dass man es einem Menschen nicht übelnehmen kann, wenn er sich trotzdem an seinem Gewissen orientiert. Das sagt Thomas von Aquin. Und seit dem Zweiten Vatikanischen Konzil sagt das auch die Katholische Kirche. Es ist jedoch die Pflicht einer Einrichtung, die normativ auf Menschen einwirkt (und das tun der Staat, aber auch die Kirchen, die Katholische wie auch die Evangelische), dem Gewissen Orientierung zu geben, es zu bilden. Dazu gehört zunächst, es auf die prinzipielle Irrtumsanfälligkeit hinzuweisen. Dazu gehört aber auch, inhaltliche Vorgaben zu machen. Das göttliche Gebot „Du sollst nicht töten" ist im Falle der Abtreibung solch eine Vorgabe, die zeigt, dass sich das Gewissen einer Frau, die sich als Ergebnis der inneren Reflexion entschließt, eine Abtreibung vornehmen zu lassen, im Irrtum befindet.

Wird sie das überzeugen? Wohl nur, wenn sie sich in ihrem Gewissensgebrauch von der kirchlichen Lehre informieren und bilden lässt, um der Gefahr zu entgehen, ihr Gewissen als „Joker" in der Rechtfertigungsargumentation einer subjektivistischen Willkürmoral einzusetzen, in der es für jedwede Entscheidung instrumentalisiert werden kann. Dazu gehört eine große Portion Selbsterkenntnis.

Aus christlicher Sicht bleibt es dabei: Nur ein Gewissen, das „geformt" ist, „urteilt richtig und wahrhaftig", wie es im Katechismus der Katholischen Kirche heißt. Und die angemessene Form verleiht dem Gewissen die katholische Morallehre.

Das Strafrecht hingegen ist der falsche Ort und Strafverschärfung (oder überhaupt: Strafe) ein ungeeigneter Hebel, zumal dann, wenn das Rechtsbewusstsein der Menschen so sehr abweicht, dass gar nicht mehr eingesehen wird, warum der Gesetzgeber meint, ein bestimmtes Verhalten sei strafwürdig. Auch das Verhältnis zwischen Rechtslage und Rechtsbewusstsein ist freilich eines der Wechselwirkung und Bildung. Es muss also zunächst das kollektive Bewusstsein wieder klarer sehen, dass die Abtreibung überhaupt ein moralisches Problem *ist*. Damit ist das Gespräch über Abtreibung erst mal ein Thema der Ethik. Das bedeutet: Wir brauchen ein anderes *moralisches* Bewusstsein. Abtreibung gilt ja heute vielen Menschen als nachträgliche Verhütungsmethode (als ein „Wegmachen") und nicht als das, was es objektiv ist: die Tötung eines Menschen im embryonalen Entwicklungsstadium. Zugleich brauchen wir mehr Beratung. Beides bedingt sich in der Praxis wechselseitig, so wie sich in der Theorie Norm und Gewissen wechselseitig bedingen: Nur durch Beratung kann dieses Bewusstsein entstehen, nur in diesem Bewusstsein kann Beratung gelingen.

Das Gewissen ist zwar die höchste Instanz der Entscheidung, in ihm sollte dem reflektierenden Menschen aber auch die Grenze dessen aufleuchten, was er überhaupt verantworten *kann*. Man kann zum Beispiel eine Entscheidung, die a) Dritte direkt betrifft und b) unumkehrbar ist, weit schwerer verantworten als eine jederzeit reversible Entscheidung, die in erster Linie einen selbst betrifft. Es gibt absolute Werte, deren Verletzung wir *gar nicht* verantworten können. Unser Gewissen kann insofern nur ein Stück weit korrumpiert werden, derart, dass der Mensch zunächst die falsche Entscheidung *de facto* treffen kann. Irgendwann wird sich das Gewissen aber melden und die Unumkehrbarkeit der Entscheidung wird als Schuld wahrgenommen.

Eine Gewissensentscheidung, welche die Tötung menschlichen Lebens als eine Option sieht, betrifft Dritte, ohne diese zu beteiligen. Damit verlassen wir die klassische Situation der Gewissensnot, die sich im Menschen entwickelt, in einem Fall moralischer Entscheidungsfindung zwischen dem eigenen Subjekt und der objektiven Norm. Denn nicht nur das Subjekt hat die Konsequenz der Entscheidung zu tragen, sondern auch ein Dritter. Hier ist freilich umstritten, welchen Schutz dieser Dritte genießt, wenn es sich dabei um den ungeborenen Menschen vor der zwölften Woche seiner Embryonalentwicklung handelt – den unbedingten Würdeschutz (so sieht es die Katholische Kirche und auch das Grundgesetz) oder einen bedingten Würdeschutz (das ist *de facto* die gesellschaftliche Auffassung, obgleich diese gegen die Rechtslage steht – sowohl in verfassungs- als auch in strafrechtlicher Hinsicht). Mit der Erinnerung an das Gebot Gottes („Du sollst nicht töten") ist der Bezugnahme auf das Problem des betroffenen Dritten aus christlicher Sicht bereits genüge getan. Tragisch jedoch ist, dass die Gesellschaft heute den ungeborenen Menschen nicht mehr als betroffenen „Dritten" anerkennt (vergleiche im Kapitel „Würde" den Exkurs zum Thema „Menschenwürde und der Begriff der Person"). Wünschenswert wäre es, dass Frauen und Männer zu dem Zeitpunkt eine Entscheidung treffen, an dem Dritte noch nicht betroffen sind. Der Zeitpunkt für die Selbstbestimmung liegt da, wo es wirklich nur um das Selbst geht, nicht auch um das Kind. Also: Vor der Schwangerschaft. Die selbstbestimmte Entscheidung ist folglich die für oder gegen den Geschlechtsverkehr. Hier gilt in der Tat Selbstbestimmung und größtmögliche Freiheit.

Letztlich wird man aber einer Frau, die ihr Kind töten lassen will, bevor es das Licht der Welt erblicken kann, diese Entscheidung weder abnehmen noch ausreden können, wenn Schwere und Ernst der Entscheidung bei der Beratung hinreichend verdeutlicht wurden. Man sollte sie zwar nicht in ihrer objektiv falschen (und vom christlich gebildeten Gewissen auch so erkennbaren) Entscheidung bestärken (und darum auch keinen Beratungsschein ausstellen), man sollte stattdessen ihr Gewissen „weiterbilden" (so weit es irgend geht), es dann aber – so sehr es auch irrt – in seiner Entschiedenheit achten. Das heißt: Wenn es die Frau am Ende der Beratung zum Leben, nach angebotener Hilfe und klarer Darstellung dessen, was sie gerade zu entscheiden hat, doch zu der Entscheidung „Abtreibung" drängt, dann kann und soll, ja, dann *muss* man diese Entscheidung tolerieren, also: erdulden, erleiden, ertragen. Nicht gutheißen, befördern, zur Norm selbst erheben, aber doch – tolerieren. Etwas anderes gibt weder unsere Rechtsordnung noch die christliche Morallehre her. Letztere verpflichtet uns auf die Liebe. Und die wird sie brauchen, die Frau. Und auch der Vater des Kindes.

Ferner ist der als Beteiligter mittelbar betroffene Arzt in einem Gewissenskonflikt. Und es ist richtig und wichtig, dass er diesen ebenso frei austragen kann, auch wenn das bedeutet, den

Wunsch der Frau nicht zu erfüllen. Für diese „Verweigerungshaltung" erntet der Arzt in der heutigen Gesellschaft nur noch Unverständnis. Autoritativ wird (auch gegen die geltende Rechtslage nach Art. 4 Abs. 1 GG) der „Anspruch" auf Abtreibung durchzusetzen versucht, im Einzelfall und allgemein, wenn etwa gefordert wird (wie von den *Grünen* in verschiedenen Verlautbarungen im Juli 2020), nur noch Ärzte an Universitätskliniken einzustellen, die im Zusammenhang mit Abtreibungen keine ethischen Bedenken haben (oder diese zu unterdrücken bereit sind). Dass damit auch die Gewissensfreiheit an sich auf dem Spiel steht, tritt hinter das Anspruchsdenken zurück, Abtreibungen möglichst „immer und überall" anzubieten, verklärt als „Versorgungssicherheit im Bereich reproduktiver Gesundheitsdienstleistungen".

Bestärkt wird diese Tendenz auch durch die Medien, die medizinisches Personal, das sich nicht an Abtreibungen oder Sterbehilfe beteiligen will, oft als renitente Sonderlinge zeigt. In dem Fernsehfilm „Heilig sollt ihr sein!" aus der Reihe „Polizeiruf 110" wurde das am 3. Mai 2020 zur besten Sendezeit vorexerziert: Naserümpfend spricht der ermittelnde Kommissar von der Gewissensnot, aus der heraus ein Arzt eine Abtreibung abgelehnt habe, gerade so, als sei dies eine illegitime „Ausflucht". Dass sich aus dieser Weigerung dann der eigentliche Kriminalfall ergibt (eine unsachgemäße Entbindung mit Todesfolge für die Frau) und dass die Person des Täters dabei religiöse Motive zeigt bzw. selbst Opfer der streng vermittelten Glaubensvorstellungen seiner Mutter ist, fügt sich im Subtext zu einem Gesamtbild: Wer „heute noch" etwas gegen Abtreibungen hat, ist entweder nicht ganz dicht oder leistet kriminellen Handlungen Vorschub, die Frauen zu Opfern machen. Das ist eine gefährliche Botschaft, weil gerade die Populärkultur moralisch orientiert – und damit auch das Gewissen bildet. Eine Gewissensbildung, die den Wert des Lebens und des Gewissens gleichermaßen senkt und damit die Verbindlichkeit seines Mandats in Frage stellt, ist fatal.

Auch die Fragen am Ende des Lebens sind Gewissensfragen. Zwei schöne cineastische Beispiele für die sich einstellende Gewissensnot angesichts eines „Sterbewillens" sind die Filme „Million Dollar Baby" und „Mar Adentro" („Das Meer in mir"), beide 2004 erschienen. Das Thema wird nicht verharmlost, die zaudernden, mit sich ringenden Freunde und Angehörigen werden in ihrem Mitleid und ihrer Aversion gegen den Wunsch nach Sterbehilfe sehr realistisch, durchaus auch sympathisch gezeigt. Ihre Entscheidung, letztlich doch beim Suizid zu helfen, kann insoweit nachvollzogen werden – als persönliche Gewissensentscheidung. Eine allgemeine Norm entsteht daraus aber nicht – auch das wird klar.

Die Freiheit des Gewissens ist das höchste und edelste Freiheitsrecht, das überhaupt von einer staatlichen Gemeinschaft zu schützen sein kann. Allein schon der Gedanke, hierin einzugreifen, ist so totalitär, dass jeder, der es mit dem eigenen Gewissen und mit der Freiheit des Anderen ernst meint, zusammenzucken müsste. Eingriffe in die Gewissensfreiheit lassen sich auch nicht begründen mit der Unterscheidung von öffentlichem Gebrauch von Vernunft (Ich tue pflichtgemäß X) und privatem Gebrauch von Vernunft (Ich rufe dazu auf, X zu unterlassen und sorge dafür, dass X künftig nicht mehr getan werden muss), wie sie Kant den Bürgern einer (zu gründenden) preußischen Republik empfahl. Diese Unterscheidung verfängt hier nicht, denn das fragliche X ist zu bedeutend. Schließlich geht es um Leben und Tod. Über jeglichem Gebrauch der Vernunft wacht zudem auch Kant zufolge das Gewissen – der „innere Gerichtshof", wie er es nannte. Vor jedem Vernunftgebrauch ist zuerst und zuvörderst das tief in uns eingeschriebene „Sittengesetz" zu befragen. Kant nannte dieses Verfahren den „kategorischen Imperativ". Dieser bringt deutlich zum Ausdruck, dass man nur etwas tun soll, von dem man will, dass *alle* es tun *könnten*. Jemanden zu zwingen, etwas zu tun, von dem sie oder er will, dass *niemand* es tut, ist die größtmögliche Pervertierung des kategorischen Imperativs.

Mehr noch: Ein Zwang zur Mitwirkung an Tötungen, der sich aus einem Rechtsanspruch auf Abtreibung und Sterbehilfe konkludent ergibt, verletzt den mittelbar betroffenen Menschen (die Ärztin, den Pfleger, die Krankenschwester, den Arzt) in seinem Menschsein, weil die dabei auftretenden Gewissensvorbehalte grundsätzlich (und oft auch tatsächlich) so gravierend sind, dass sie die Person als Ganzes betreffen. Kurz: Die Würde des Menschen wird verletzt, wenn man seine Gewissensfreiheit nicht achtet und wenn man die Gewissensvorbehalte, die sich daraus artikulieren dürfen, nicht konkret berücksichtigt. Jemanden zur Mitwirkung an einer zur Abtreibung oder einem Suizid zu zwingen, die oder der dies nicht tun *kann*, stellt eine Verletzung der Gewissensfreiheit und mithin eine Würdeverletzung dar.

Wer eine Handlung aus Gewissensgründen nicht vollziehen *kann*, so hat es der Philosoph Robert Spaemann einmal anschaulich ausgedrückt, der ist so zu behandeln als habe er keine Hände und könne die Handlung *deswegen* nicht vollziehen. Das Gewissen ist eine unhintergehbare Instanz, deren Ausdruck nur in Freiheit gelingt, der dann aber in der (Un-)Möglichkeit von Handlungsvollzügen objektive Züge von (im negativen

Modus) Hemmung oder (im positiven Modus) Drang entfaltet. Im negativen Modus wird das subjektive *Nicht-Wollen*, das objektiv nur dann nachvollzogen kann, wenn Willenskongruenz herrscht, zum *Nicht-Können*, das objektiv auch dann nachvollziehbar ist, wenn man selbst könnte. Ich muss einsehen, dass ein Mensch ohne Beine nicht laufen kann, auch wenn *ich* mit dem Laufen keine Probleme habe. Das Verständnis und die resultierende Achtung des Nicht-Könnens sind dann ebenso unhintergehbar wie das Nicht-Können selbst. Gleiches (vielleicht sogar noch stärker) gilt für das Nicht-Können aus Gewissensgründen. So ernst muss man das Gewissen nehmen, so ernst muss es einem demokratischen und freiheitlichen Gemeinwesen mit der Gewissensfreiheit sein.

Um integere Persönlichkeiten bleiben zu können, wären Menschen, die sonst einen guten Dienst tun, tatsächlich gezwungen, ihren Beruf aufzugeben und damit ihre Lebensgrundlage zu verlieren. Ja, so ernst ist es einigen Menschen mit dem Schutz des Lebens, einigen Krankenschwestern und Ärzten zumal, die ihren Beruf lieben, weil sie in ihm heilen und helfen können. Und das wollen sie auch weiterhin: helfen und heilen. Und nicht töten – weder am Anfang, noch am Ende des Lebens. Job oder Integrität, Beruf oder Gewissen, Arbeit oder Würde – Menschen vor diese Wahl zu stellen ist eines demokratischen und freiheitlichen Gemeinwesens unwürdig. So verlören beide am Ende ihre Würde: Mensch und Gesellschaft.

Was sagt die Kirche dazu? In der katholischen Morallehre wird beachtet, dass der Einzelnen in seiner Freiheit nie *von außen* gezwungen werden kann. Aber eben *von innen* bzw. von einem „verinnerlichten Außen", vom Gewissen, einem durch göttliche Norm informierten Gewissen. Im Glauben an den Gott der

Bibel, der Gebote erlässt und zugleich qua Vernunft Teilhabe an der Einsicht in ihre Notwendigkeit gewährt, konvergieren Freiheit und Wahrheit und damit letztlich die subjektive menschliche Sittlichkeit und das objektive göttliche Gebot. Gewissen und Gesetz werden nicht als Gegensätze gedacht, sondern als Bezugsgrößen, die im Naturrecht eine gemeinsame Rechtfertigungsbasis haben. Dies ist die Grundannahme der katholischen Morallehre, die dem Gewissen seinen Wert zurückgibt, durch den Regress auf das Naturrecht, der die scheinbare Paradoxie von Freiheit und Rationalität auflöst: Nicht die wegfallende Bindung (Freiheit *von*), sondern die stützende Bindung an verinnerlichte Normen (Freiheit *zu*) stärkt das Gewissen und macht es zum Garanten vernünftiger Moralität. Das Zusammenspiel von autonomer (aber von Gott durchdrungener) Rationalität sowie heteronomer (aber in die menschliche Natur eingewobener) Normativität setzt freilich die ständige „Weiterbildung" des Gewissens voraus – ein sich selbst verstärkender Prozess in Richtung moralische Wahrheit. Das christliche Menschenbild, in dem diese „gebundene Freiheit" oder „Freiheit durch Bindung" eine zentrale Rolle spielt, und das katholische Naturrechtsverständnis nach Thomas von Aquin, in dem die Vernunft die tragende Säule ist, bilden das Fundament einer tragfähigen Brücke zwischen Subjekt und Objekt in einer Gewissenstheorie, die sich der moralischen Wahrheit verpflichtet weiß. Und diese Wahrheit lautet: Niemand darf gegen sein Gewissen zur Mitwirkung an der Tötung eines Menschen – ganz gleich, in welchem Stadium des Lebens er sich befindet – verpflichtet werden.

Freiheit und Suizidalität

Der damalige Gerichtspräsident Andreas Voßkuhle – dessen Amtszeit am 6. Mai 2020 endete; seit 22. Juni 2020 ist Stephan Harbarth Präsident des Bundesverfassungsgerichts – fasst die Entscheidung des BVerfG vom 26. Februar 2020 so zusammen: „Wir mögen seinen Entschluss bedauern, wir dürfen alles versuchen, ihn umzustimmen, wir müssen seine freie Entscheidung aber in letzter Konsequenz akzeptieren". Im Beschluss selbst heißt es: Weil und soweit die freiwillige Lebensbeendigung unmittelbarer Ausdruck der Menschenwürde sei, gehöre sie zur „Wahrung personaler Individualität, Identität und Integrität". Der freien Entscheidung sei unbedingt Respekt zu zollen.

Mit diesem engen Identitätsbezug der Menschenwürde macht sich das BVerfG die autonomistische Würdekonzeption à la Tiedemann zu eigen und verletzt damit das Gebot weltanschaulicher Neutralität mindestens ebenso wie für den Fall, dass es bei seiner Würdeinterpretation einen autonom reflektierten Ansatz nach Kant, einen heteronomistisch-totalitären sozialistischen Ansatz oder auch die theonomistische Idee religiöser Provenienz zugrundelegte, um auf dieser Basis dann Begriff und Bedeutung der Menschenwürde mit der „Wahrung der Gebundenheit an die Humanität", mit der „Verwirklichung der gesellschaftlichen Entwicklungsziele" oder mit der schöpfungstheologisch begründeten „Abhängigkeit des Menschen von Gott" zu verknüpfen.

Man kann argumentieren, dass die Freiheit des Menschen das Recht umfasse, das eigene Leben jederzeit zu beenden, wenn man dies denn will. Doch das ist eine Position, die sich kritisieren lässt, mit und ohne Gottesbezug, wie man an den philosophischen, theologischen und kirchlichen Texten sieht. Man muss sich dazu vor allem die Frage stellen, ob ein Mensch, der meint, nicht mehr weiterleben zu können, überhaupt „frei" ist, also jene Autonomie und Selbstbestimmung aufweist, um die es geht.

Nein, ist er nicht. Freiheit und Suizidalität schließen sich aus. Ganz im Gegenteil gilt: Nirgendwo ist der Mensch unfreier, als in dem Moment, in dem er sich die Bedingung der Möglichkeit, Freiheit zu erfahren, nehmen will: das Leben. In der Extremsituation, in der sich ein Mensch befindet, der den Suizid erwägt, gibt es keine Freiheit. Fragt man Menschen, die einen Selbsttötungsversuch überlebten, so beschreiben diese alle möglichen Gefühlslagen. Das Gefühl, frei gewesen zu sein, gehört nicht dazu. Der sprichwörtliche „Tunnelblick", die Fixierung auf die Selbsttötung als einzigen „Ausweg" ist eine feststehende Wendung in den Erzählungen derer, die mit ihrem Suizidversuch scheiterten. Auch Mitglieder des Deutschen Bundestages als Teil der Beschwerdegegner im Verfahren zum § 217 StGB vor dem BVerfG verwiesen auf empirische Befunde, nach denen der Sterbewunsch oftmals gerade *keine* freie Entscheidung sei, wie Eberhard Schockenhoff in seiner Analyse des Urteils betont.

Um das nachvollziehen zu können, muss man sich zuvor von dem Gedanken gelöst haben, Freiheit sei das Resultat eines möglichst breiten Angebots an Optionen. Das ist – wie bereits ausgeführt – ein Irrtum. Denn Freiheit braucht paradoxerweise immer auch die Bereitschaft und Fähigkeit zur Bindung, um Entscheidungsspielräume auf ein faktisch und ethisch handhabbares Maß einzuengen. Absolute Freiheit – wozu ich die Verfügung über Menschenleben, auch über das eigene, zählen möchte – ist ein geradezu unmenschlich hoher Anspruch.

Zusammenfassung

Für den Menschen gibt es keine absolute Freiheit, zumindest nicht als spürbare Freiheit, denn absolute Freiheit führte in der Praxis zu Entscheidungsunfähigkeit und damit de facto zu Unfreiheit. Echte Freiheit gibt es nur unter Bedingungen. Eine Möglichkeit, ein Mehr an Freiheit zu erlangen, ist daher die freiwillige Selbstbindung. Für den Christen erfolgt diese als Bindung an Gott. Mit Kant ist aber auch an eine Selbstbindung an das absolute Moralgesetz zu denken, aus dem sich eine absolute Lebenspflicht notwendig ergibt.

Angesichts der Suizidalität eines Menschen mit dessen Freiheit, Selbstbestimmung und Autonomie zu argumentieren, ist nicht nur philosophisch und psychologisch fragwürdig, sondern auch sozial, wie Robert Spaemann feststellt: „Die Fiktion der souveränen Willensentscheidung ausgerechnet in der Situation extremer Schwäche ist zynisch, vor allem im Hinblick auf die ohnehin im Leben Benachteiligten wie Arme, Einsame und auch Frauen. Es sind nämlich mehr ältere Frauen arm, verwitwet, chronisch krank und weniger gut versichert als ältere Männer. Das Angebot des assistierten Selbstmords wäre der infamste Ausweg, den die Gesellschaft sich ausdenken kann, um sich der Solidarität mit den Schwächsten zu entziehen – und der billigste". Das zu erkennen, ist extrem wichtig.

Freiheit gibt es nur in Bindung an Gott (so die christliche Vorstellung) oder an die praktische Vernunft (so die Vorstellung Kants). Nur derart gebunden erwächst Verantwortung für Entscheidungen und Handlungen. Eine „Freiheit zum Suizid" gibt es nicht – nicht in diesem Sinne. Das bedeutet nicht, dass ein Mensch seinen Tod nicht wünschen kann, dass er nicht – nur für sich selbst, nicht mit dem Anspruch auf Verallgemeinerbarkeit (über die grundsätzliche Inkompatibilität dieses Freiheitsgebrauchs mit dem kategorischen Imperativ, also letztlich: über die *Unvernunft* dieses Freiheitsgebrauchs, sei hier mal hinweggesehen) – wollen könnte, dass ihm das Leben (eigentlich: das Leid) genommen werde. Das bedeutet nur, dass dieser Mensch in dem Augenblick, in dem er unter dem Einfluss von Enttäuschungen, Krisen, existenziellen Ängsten, Katastrophen, unheilbaren Krankheiten oder in ähnlichen „Grenzerfahrungen" ein Überschreiten der Grenzen, d.h. seinen Tod wünscht, sich nicht mehr wie ein freies, autonomes Subjekt verhält. Er ist gerade nicht selbstbestimmt, sondern von eben dieser Situation bestimmt – von einer Zwangslage.

Damit wären wir beim Thema Selbstbestimmung – und Fremdbestimmung.

Selbstbestimmung

Wer in einem Lexikon älteren Datums nach dem Stichwort „Selbstbestimmung" sucht, findet lediglich den völkerrechtlichen Terminus „Selbstbestimmungsrecht der Völker" erklärt. Auch das Konzept „Autonomie" wird eher auf Kollektive bezogen, in Gestalt der „Selbstverwaltung". Was in der philosophischen Debatte seit Kant virulent ist, die „Selbstgesetzgebung" auf das Individuum zu beziehen, scheint sich also im allgemeinen Bewusstsein erst allmählich durchgesetzt zu haben. Dann allerdings mit großer Macht: Autonomie ist die „Leitidee der Moderne", ihr „Zentralbegriff", so Heiner Bielefeldt. Wie kam es dazu?

Immanuel Kant hatte dem Menschen die Fähigkeit zur Selbstgesetzgebung zugestanden und diese auch normativ eingefordert. Bekannt ist seine *Beantwortung der Frage: Was ist Aufklärung?*, ein nicht besonders langer Aufsatz aus dem Jahr 1784, in der er seine Zeitgenossen aufforderte, sich ihres eigenen Verstandes zu bedienen, um sich von ihrer selbstverschuldeten Unmündigkeit – bedingt durch Feigheit und Faulheit – zu befreien. Das Denken der Aufklärung sieht Kant dabei als Mittel, die vorherrschende Heteronomie (seitens Kirche und Staat) zugunsten der Autonomie des Individuums zu überwinden.

Flankiert wird diese Position durch seinen Subjektivismus in der Erkenntnistheorie: Wenn es Wahrheit – die Erkenntnis, wie die Dinge wirklich (Kant sagt: „an sich") sind – nur im Auge eines fiktiven Betrachters gibt und der real existierende Mensch nur als Betrachter des *Erscheinens* der Dinge in Frage kommt, kann es bei der Betrachtung ethischer Fragen auch nicht einfach so für alle Menschen gleichermaßen und selbstverständlich verbindliche Werte geben. Das empirische Subjekt ist stattdessen gefordert, Verbindlichkeit herzustellen, es selbst muss etwas leisten, nämlich gewissermaßen den umgekehrten Schritt gehen und die eigene Betrachtung hypothetisch verallgemeinern.

Dazu stellt ihm Kant seinen kategorischen Imperativ als Wegweiser zur Verfügung: „Handle so, dass du jederzeit wollen kannst, die Maxime Deines Handelns werde zur Grundlage eines allgemeinen Gesetzes". Die Denkrichtung hat sich also gedreht: Nicht mehr vom Allgemeinen aufs Einzelne wird in der Ethik geschlossen, sondern vom Einzelnen aufs Allgemeine – im Zuge der Selbstprüfung des Menschen als moralisches Subjekt, das sein Handeln verantwortet.

Die Freiheits- und Autonomieskepsis der Katholischen Kirche des 19. Jahrhunderts und die kollektivistischen Gesellschaftsentwürfe des 20. Jahrhunderts haben Kants Idee nur vorübergehend zurückgedrängt. Heute ist Autonomie bzw. Selbstbestimmung der Schlüsselbegriff fast aller politischen Debatten, denn sie wird nicht nur als Ausdruck der Würde verstanden, sondern als deren Wesen. Dem Menschen ein Höchstmaß an Selbstbestimmung zu ermöglichen, ist folglich heute „Aufgabe aller staatlichen Gewalt". Entsprechend hat sich selbst die Menschenwürde diesem Topos zu beugen, wie das Bundesverfassungsgericht in seiner Entscheidung vom 26. Februar 2020 mit der Formulierung „Recht auf selbstbestimmtes Sterben" feststellte, ein Recht, das es kurzerhand zu einem Teilaspekt des „allgemeinen Persönlichkeitsrechts" erklärte.

Was erst mal ganz gut klingt, wirft auf den zweiten Blick Fragen auf. Wie lässt sich diese Selbstbestimmung mit einer Würde vereinbaren, die als absolut verstanden wird? Gar nicht – zumindest nicht gut. Wie verhalten sich Selbstbestimmung und Gewissensfreiheit zueinander? Sie kommen sich in die Quere, zumindest dann, wenn der eigene Wille die mit in die Entscheidung einbezogenen Personen in Gewissensnot bringt. Ist Selbstbestimmung wirklich in jeder Situation eine freie Bestimmung des Selbst? Dem Begriff scheint ein kompromittierender Druck innezuwohnen.

Ich möchte das Kernkonzept der Debatte etwas genauer unter die Lupe nehmen und aus philosophischer, aus christlich-anthropologischer und aus katholischer Perspektive problematisieren.

Würde und Selbstbestimmung

Jener Kant, der das Thema Selbstbestimmung in die Debatte einbrachte, war zugleich der Meinung, der Mensch sei „Zweck an sich" und dürfe – bei aller Autonomie – nicht einmal sein eigenes Leben zum Mittel machen, etwa um Leid zu verkürzen. Er sieht in der Selbsttötung eine Verletzung der moralischen Pflicht des Menschen, gemäß seiner „Naturanlagen" zu leben. Und das sagt er in einer Zeit, in der es noch nicht so gute Möglichkeiten gab, auch starke Schmerzen medikamentös zu lindern, was heute ohne weiteres geht. Ich möchte Kants Gedanken einer „moralischen Pflicht zum Leben" kursorisch rekonstruieren.

Jede Selbstbestimmung hat ihre Grenzen – denn Niemand lebt allein. Doch selbst dann, wenn der Mensch allein lebte, gäbe es

Grenzen seiner Verfügungsmacht über sich und das in ihm wohnende Menschliche (Kant nennt es auch „moralisches Gesetz"). Es gibt also Pflichten gegen unser Menschsein als solches, die wir auch dann nicht verletzen dürfen, wenn sich alle Menschen, die eine Entscheidung äußerlich etwas angeht, einig sind.

Es handelt sich um Entscheidungen, die gegen das Wesen und die Würde des Menschen gerichtet sind. Hier ist der Autonomie des Menschen eine letzte Grenze gezogen: eben jene Würde, die heute gerade als Grund für ein schrankenloses Selbstbestimmungsrecht herhalten muss. Doch Würde umfasst mehr als das, was einen einzelnen Menschen angeht, mehr als seinen Körper und seine Seele. Es geht um die Würde, die in uns wohnt, uns zugleich aber übersteigt und uns letztlich entzogen ist. Auch die „schafft man aus der Welt", wenn man sich das Leben nimmt oder nehmen lässt.

Selbsttötung und Sterbehilfe gehören also zu diesen gegen das Wesen und die Würde des Menschen gerichteten Entscheidungen. Es handelt sich um Taten gegen die „natürliche Lebenspflicht" des Menschen (so Kant), um Handlungen, mit denen sich das empirische Subjekt (der einzelne Mensch) gegen die idealistisch gedachte Transzendentalsubjektivität des Menschen erhebt, gegen die „Menschheit" (nach Kant das „vernünftige Weltwesen", das der Mensch als „Urbild seiner Handlungen in seiner Seele trägt" und das in „moralischer Vollkommenheit" geschaffen ist), also das über den einzelnen Vertreter der Menschheit, wie er mit seinen Eigenschaften (auch seinen Schwächen) vor mir steht, wie er mir erscheint oder wie ich ihn im Spiegel sehe (*homo phaenomenon*, sagt Kant), hinausgehende Menschsein des „Menschen an sich" (bei Kant:

homo noumenon) als die gedankliche Vorstellung davon, was den Menschen wesentlich ausmacht, was ihn überhaupt zum Menschen macht, kurz: seine Würde.

Selbsttötung und Sterbehilfe widersprechen also der Menschenwürde. Immer. Weil der Mensch dabei nicht nur seinen Körper zerstört, der ihm gehört, sondern zugleich etwas, das ihm *nicht* gehört: seine Würde. Wer das Subjekt vernichtet, vernichtet auch das, was es überhaupt erst zum Subjekt macht – und schadet damit dem Prinzip der Subjektivität schlechthin.

Es ist also ein Missbrauch von Selbstbestimmung, diese so weit zu fassen, dass auch die Vernichtung ihrer Voraussetzung, das Subjektsein des Menschen, darunter fällt. Soweit kommen wir mit Immanuel Kant, dessen Würdebegriff ja bereits Thema war (vergleiche im Kapitel „Würde" den Abschnitt zu Kants „Humanitas-Formel" des kategorischen Imperativ). Eine noch deutlichere Ablehnung von Selbsttötung und Sterbehilfe erwächst aus dem Begriff der Würde, wie ihn das Christentum prägt (vergleiche im Kapitel „Würde" den Abschnitt zum jüdisch-christlichen Menschenbild).

Selbstbestimmung – und ihre Grenzen

Selbstbestimmung hat also Grenzen – im Verhältnis zu Dritten (das ist immer noch allgemein anerkannt) und im Verhältnis zu mir selbst (das ist nicht mehr allgemein anerkannt). In einer 1989 gemeinsam mit dem Rat der Evangelischen Kirche in Deutschland (EKD) verfassten Stellungnahme mit dem bezeichnenden Titel *Gott ist ein Freund des Lebens* hat die Deutschen Bischofskonferenz (DBK) diese Grenzen im Kontext der Sterbehilfe deutlich gezogen.

Es heißt darin: „Die Unverfügbarkeit des anderen, seine Unantastbarkeit als Person, bedeutet die Einräumung eines unbedingten Lebensrechts des anderen und die prinzipielle Respektierung seines Eigenrechts, seines Selbstbestimmungsrechts", mit der prinzipiellen Einschränkung: „Keiner hat über den Wert oder Unwert eines anderen menschlichen Lebens zu befinden – selbst nicht über das eigene. Dies entzieht sich auch schlicht unserer Kenntnis: Denn jeder ist ungleich mehr und anderes, als er von sich weiß. Keiner lebt nur für sich; und was einer für andere bedeutet, das wird er nie genau wissen. Im Glauben daran, daß Gott das Leben jedes Menschen will, ist jeder mit seinem Leben, wie immer es beschaffen ist, unentbehrlich".

Zwar könne „die Situation eintreten, daß ein Mensch sein Leben nicht mehr annehmen und führen möchte, daß ihm der Tod ‚besser' zu sein scheint als sein schreckliches Leben", doch auch dann dürfe sich der Mensch nicht das Leben nehmen bzw. darum bitten, dass ihm jemand dabei hilft. Das ist von der Selbstbestimmung nicht gedeckt.

Der Suizid ist rechtlich toleriert – nach misslungenem Suizidversuch muss niemand Konsequenzen seitens des Staates fürchten. Doch die hiesigen Kirchen machen deutlich: Auch der Suizid ist vor Gott und den Menschen nicht zu verantworten. In dem Papier von EKD und DBK heißt es: „In der Selbsttötung verneint ein Mensch sich selbst. Vieles kann zu einem solchen letzten Schritt führen. Doch welche Gründe es auch sein mögen – keinem Menschen steht darüber von außen ein Urteil zu. Die Beweggründe und die Entscheidungsmöglichkeiten eines anderen bleiben ebenso wie eventuelle Auswirkungen einer Krankheit im letzten unbekannt. Für den

Christen bedeutet die Selbsttötung eines anderen Menschen eine enorme Herausforderung: Er kann diese Tat im letzten nicht verstehen und nicht billigen – und kann dem, der so handelt, seinen Respekt doch nicht versagen. Eine Toleranz gegenüber dem anderen noch über das Verstehen seiner Tat hinaus ist dabei gefordert. Doch die Selbsttötung billigen und gutheißen kann der Mensch nicht, der begriffen hat, daß er nicht nur für sich lebt".

Das Sterbehilfegesuch wird für die evangelische und die katholische Kirche zu einem Appell an die Nächstenliebe, die zur aufrichtigen Hinwendung befähigt: „Ist er zudem in einer hilflosen Lage, so kann es auch dazu kommen, daß er an einen anderen jenes Verlangen, ihn zu töten, stellt. Doch müßte ihm dann nicht – schonend, aber klar – gesagt werden, warum dies sein Verlangen von einem anderen nicht übernehmbar ist? Ein Verzweifelter braucht intensive Zuwendung, um die Wahrheit zu erfahren, daß auch sein Leben nicht sinnlos ist". Soweit zur Ablehnung von Suizid und Sterbehilfe, wie sie unter dem Deckmantel eines überzogenen Selbstbestimmungskonzepts gesellschaftsfähig gemacht werden.

Bei der Abtreibung geht es um das Selbstbestimmungsrecht der Frau, das ohne jeden Zweifel großes Gewicht hat, aber auch nicht uneingeschränkt gelten kann. Dagegen steht das Lebensrecht des Kindes. Weil das gewissermaßen „im Weg steht", wird es zu depotenzieren versucht. Entweder dadurch, dass der moralische (und damit über kurz oder lang auch der rechtliche) Status des Embryo geschwächt wird (die Rede vom „Zellhaufen" lässt sich in jeder Diskussion finden) oder gar dadurch, dass der Embryo als „Eindringling" behandelt wird, gegen dessen Wirkung auf die Frau diese ein Abwehrrecht habe, das der Notwehr gleichkomme. Eberhard Schockenhoff verwirft in *Ethik des Lebens* diese Rechtfertigungsfigur mit Hinweis darauf, dass die Frau der embryonalen Aggression nicht schutzlos ausgeliefert ist (vom Fall einer Schwangerschaft, die aus einer Vergewaltigung resultiert, einmal abgesehen). Ihm erscheint es „widersinnig, jede Schwangerschaft als ein unvorhersehbares Naturereignis zu interpretieren, für das die betroffene Frau und der Vater des Kindes nur dann Verantwortung übernehmen müssen, wenn sie sich dazu in einem nochmaligen Entschluss eigens bereit finden". Es gehöre stattdessen vielmehr „in allen Lebensbereichen zum Ethos der Freiheit, für die Folgen des eigenen Verhaltens auch dann einzustehen, wenn diese nicht gewollt oder nicht sicher vorhersehbar sind". Das Grundgesetz und auch das BVerfG (nach derzeitig geltender Rechtsprechung) machen bei diesen Gedankenexperimenten auch nicht mit: Das Recht auf Leben hat der Mensch von der Empfängnis an. Dieses Recht schränkt die Selbstbestimmung ein. Das ist (immer noch) der Stand der Dinge in Deutschland, Anno 2020.

Dennoch kann sich in der Moderne weder das Transzendentalbewusstsein (Kant) noch der Transzendenzbezug (Christentum) als Begrenzungsmotiv für die menschliche Autonomie halten. Das hat wohl auch etwas mit dem Verlust des Glaubens an eine das *hic et nunc* des Daseins übersteigende Sphäre zu tun, der sich in der Ideengeschichte sehr deutlich an der Metaphysikskepsis zeigt, die seit etwa einem Jahrhundert das Nachdenken über die Bezüge des Menschen prägt. Wer alles nur in dieser Welt sucht, bezieht den Menschen letztlich auf sich selbst – ohne jedes Korrektiv. Betrachtete der christliche Humanismus noch die Gottesbeziehung als Basis und Ziel menschlicher Lebensvollzüge, ist der Mensch im säkularen (und manchmal auch säkularistischen) Humanismus verabsolutiert. Dabei ist das – wie Hans Zahrnt feststellte – gar kein böser Wille, wie er etwa in dem Vorwurf zum Ausdruck gebracht wird, der Mensch habe sich an die Stelle Gottes gesetzt. Zahrnt erkennt in der Moderne aber keinen Plan einer solchen „Machtübernahme", sondern mehr oder weniger der Lauf des Schicksals, nach dem Motto: Was hätte er, der Mensch, auch anderes tun sollen? Zahrnt meint, der Mensch sehe sich „in dem Augenblick, in dem die übersinnliche Welt, die bisher die Maße, Ziele und Werte für das irdische Leben gesetzt hat, kraftlos und leblos geworden ist, unversehens vor die Aufgabe gestellt, die Herr-schaft über die Erde zu übernehmen. Seine Autonomie ist eine Art Notwehr. Jetzt muss er, das Subjekt, die Welt als Objekt seiner Erkenntnis und Planung unterwerfen; er muss ihr von sich aus die Werte, Maße und Ziele setzen und ihr so das Licht geben, das ihr bisher von oben geleuchtet hat". Das hat freilich Rückwirkungen auf das Subjekt selbst: Nicht nur das Weltbild, sondern auch das Menschenbild ändert sich, wie bereits im Kapitel „Würde" angedeutet wurde.

Selbstbestimmung und Gewissen

Besonders Pflegern und Ärzten kann die Situation einer auf-erlegten Pflicht (zu der das „Verlangen" nach Suizidbeihilfe führte, wenn es darauf einen Rechtsanspruch gibt) nicht zuge-mutet werden.

Auch hierzu formulierten EKD und DBK bereits vor über dreißig Jahren recht eindeutig: „Käme ein Arzt solchem Ver-langen nach, so zöge er sich einen zerreißenden Konflikt zu zwischen seiner ärztlichen Berufspflicht, Anwalt des Lebens zu sein, und der ganz anderen Rolle, einen Menschen zu töten. Täte er es auch aus Mitleid – ließe sich dann vermeiden, daß man ihm auch noch andere Motive zu unterstellen beginnt? Das wäre das Ende jedes Vertrauensverhältnisses zwischen Arzt und Patient".

Man kann noch einen Schritt weiter gehen: Es wäre das Ende der Berufsausübungsmöglichkeit für Pfleger und Ärzte mit einem christlichen Gewissen. Eine Ärztin teilte mir per E-Mail mit, sie werde wohl, wenn der assistierte Suizid kommt, „ihren Beruf an den Nagel hängen" müssen.

Bereits im Abschnitt zur Gewissensfreiheit im Kapitel „Freiheit" hatte ich dazu ausgeführt, dass kein Beteiligter gegen sein Gewissen zu einer Handlung gezwungen werden darf. Zugleich ist die Gewissensentscheidung der oder des Betroffenen – auch, wenn sich die Person dabei grundlegend irrt – zu tolerieren. Es entsteht ein unauflösbares Spannungsverhältnis, bei dem das Gewissen in jedem Fall Schaden nimmt, wenn die Selbstbestimmung so stark hervorgehoben wird wie in dem Beschluss des BVerfG vom 26. Februar 2020.

Selbstbestimmung – und doch nicht so ganz

Ich will diese starke Konzeptionierung noch einmal ein wenig weiterdenken. Frage: Warum sollen erst Menschen auf dem Sterbebett selbstbestimmt genug sein, um Beihilfe für ihren Tod verlangen zu können?

Gedacht ist die Regelung exklusiv für todkranke Greise, aber eigentlich dürfte es ja keine Einschränkungen geben. Wenn man Selbstbestimmung wirklich ernst nähme, dürfte keine Zusatzbedingung gestellt werden, die das Mandat des autonomen Willens zu unterlaufen drohte und die selbstbestimmte Person auf dem Weg zur Handlung hemmte. Dann müsste man konsequenterweise auch einem 15jährigen mit Liebeskummer, der aus irgendeinem Grund allein nicht zurechtkommt, bei der Selbsttötung assistieren. Dass man zusätzliche Bedingungen macht, ist gerade eine Einschränkung der Selbstbestimmung. Das ist sicher vernünftig, nur zeigt es eben, dass Selbstbestimmung als Argumentationsfigur für sich genommen nicht taugt.

In Belgien (seit 2002), in den Niederlanden (seit 2007) und in Luxemburg (seit 2008) ist es möglich, dass auch Kinder und Jugendliche ab 12 Jahren sich töten lassen dürfen (mit Zustimmung der Eltern), wenn zuvor ein Psychologe festgestellt hat, dass es das Kind ernst meint mit dem Todeswunsch. Das ist zumindest halbwegs konsequent. Konsequent wäre, jede Form der Willensäußerung als Selbstbestimmung ernst zu nehmen – ohne Bewertung, ohne zusätzliche Bedingungen, ohne Einschätzung Dritter. Aber soweit trägt das Selbstbestimmungskonzept dann offenbar doch nicht.

Gleiches Recht für alle? - Gefährliche Weiterungen

Gehen wir diesem Gedanken der Gleichbehandlung aller Willenserklärungen als Ausdruck der Selbstbestimmung noch einmal etwas nach.

Der Beschluss des Bundesverfassungsgerichts (BVerfG) zur Suizidbeihilfe wird von den Beschwerdeführern (allen voran den Sterbehilfeorganisationen) vor allem als Sieg der Selbstbestimmung gefeiert. Indem es § 217 StGB verwirft, der Sterbehilfe grundsätzlich verbietet (Abs. 1), Angehörige und Nahestehende ausgenommen (Abs. 2), stellt das BVerfG in der Tat fest, jeder Mensch habe ein Recht auf selbstbestimmtes Sterben

– unabhängig davon, ob er schwer oder unheilbar erkrankt ist. Dieses Recht bestehe für jede und jeden in *jeder* Phase des Lebens.

Das ist – wie gesehen – naheliegend, denn warum sollte ein kranker Mensch über sein Leben verfügen (lassen) dürfen, ein nicht-kranker Mensch hingegen nicht? Wer den Begriff Selbstbestimmung ernst nimmt, muss diese Weiterung hinnehmen, denn wer sollte festlegen, ab welchem Leidensdruck das Primat der Autonomie gelten soll? Was für die 90-jähige Demenzkranke gilt, muss auch für den von Liebeskummer geplagten 15jährigen gelten. Und auch für den 45-jährigen, der sich bei der Sterbehilfeeinrichtung meldet, ohne die Gründe seines Sterbewunsches offenzulegen. Wenn man in ein Schuhgeschäft geht und sagt, man hätte gerne Sandalen, dann fragt die Verkäuferin ja auch nicht als erstes: „Warum?"

Nun regt das BVerfG jedoch eine Beratungspflicht an (analog zu § 218 StGB). Das ist natürlich einerseits das Mindeste (selbst beim Schuhkauf lässt man sich regelmäßig beraten), andererseits unterläuft es die Selbstbestimmung. Wenn man sagt, man wolle sterben, dann hat man einen gefälligst zu töten! Solange man bezahlt. Vorkasse. Was soll dann noch das lange Gequatsche?! – Es droht sich die Geschichte des § 218 StGB zu wiederholen: Beratungsschein nach Scheinberatung.

Welche Selbstbestimmung soll zählen?

Eine Frage schließt sich an: Was soll den Ausschlag geben, welcher Akt der Selbstbestimmung zählt? Welche geäußerte Selbstbestimmung ist entscheidungs- und handlungsrelevant? Welche Form der Selbstbestimmung darf die Hilfe auslösen?

Die erste, die letzte, die am häufigsten wiederholte Willensäußerung? Schließlich widerspricht man sich ja auch mal. Oder
man sagt etwas, dass einem später Leid tut. Oder gar nicht so
ernst gemeint war.

Oder man formuliert Bedingungen, unter denen man Sterbehilfe in Anspruch nehmen will, weil man sie aufgrund ihrer
vermeintlichen Auswirkungen auf die Lebensqualität fürchtet
(etwa Demenz), die sich dann aber, einmal eingetreten, als gar
nicht so belastend herausstellen, gleichwohl aber als hemmend
im Hinblick auf eine Korrektur der ehedem vorgenommenen
Selbstbestimmung – wie im Fall der Demenz.

In diesem Zusammenhang ist das Urteil des Hoge Raad vom
21. April 2020 relevant. Demnach wird die Selbstbestimmung
des Menschen dadurch geachtet, dass man eine ehedem auf-
gesetzte Verfügung für unabänderlich erklärt, sobald eine
Demenz eintritt. Dem oder der Dementen (im vorliegenden
Fall ging es um eine Frau) ist nicht mehr zuzuhören, es gilt
allein, was er oder sie einmal schriftlich festgelegt hat. Man
kann als dementer Mensch seine Einstellung nicht mehr ändern, muss man auch nicht, sagt das Gericht. Keine Aktua-
lisierung ist geeignet, die ehedem „bei klarem Verstand" (Wer
sagt das?) getroffene Entscheidung über eine Situation zu
kippen, die man nicht kannte (die Voraussetzung des Leidens
an der Demenz war eine Mutmaßung der Frau, die sich, als es
soweit war, offenbar *nicht* bestätigte), obgleich man mittlerweile den Vorteil hat, eben diese Situation ganz genau zu kennen – mit den Mitteln, die einem in dieser Situation zur Verfügung stehen.

Die an Alzheimer erkrankte Frau durfte getötet werden (durch aktive Sterbehilfe), weil sie in einer Patientenverfügung die Inanspruchnahme von Sterbehilfe im Falle einer Demenzerkrankung gewünscht hatte. Da half es ihr auch nicht, dieser Verfügung zu widersprechen und zu betonen, sie wolle nicht sterben, so schlimm sei es doch gar nicht. Ihre Familie durfte eine Ärztin anweisen, die Willenserklärung aus der Patientenverfügung zu vollstrecken und die Frau zu töten. Ohne ihr Wissen (schließlich wollte sie ja nicht mehr sterben) verabreichte die Ärztin der Frau erst ein Beruhigungsmittel und dann ein tödliches Medikament. Zwischendurch wachte die Patientin auf und wehrte sich, wurde von ihren Angehörigen aber festgehalten, bis sie starb. Die Staatsanwaltschaft klagte die Ärztin daraufhin wegen Mordes an, sie wurde vom Landgericht Den Haag aber freigesprochen. Die Staatsanwaltschaft legte Berufung ein, doch auch das höchste Gericht der Niederlande, der Hoge Raad, sprach die Ärztin frei.

Damit ist die Sache klar: Es ist in den Niederlanden erlaubt, jeden Menschen unter den Umständen zu töten, von denen er genau einmal im Leben schriftlich versichert hat, dass er sie – sollten sie eintreten – nicht erleben will, selbst wenn er danach noch hundertmal mündlich und tätlich das Gegenteil erklärt. Dabei darf man – sollte sich die mittlerweile nicht mehr sterbewillige Person aus nachvollziehbaren Gründen gegen ihre Tötung zur Wehr setzen – im Rahmen der Exekution dieser Form der aktiven Sterbehilfe auch Gewalt anwenden, um die Tötung zu vollziehen. Holland, Anno 2020.

Selbstbestimmung in einer Welt der Beziehungen

Die Autonomie des Menschen ist keine absolute (vgl. den Abschnitt „Selbstbestimmung – und ihre Grenzen") und auch keine, die sich in der Subjektivität des Menschen erschöpft. Sie hat vielmehr moralische *und* soziale Voraussetzungen. Sie ist relational zu verstehen, denn kein Mensch lebt nur für sich allein. Jeder Mensch ist ein *ens sociale* – und bleibt es bis zuletzt. Der Mensch verliert auch im Sterben nicht die Beziehung zu Dritten. Damit ist immer auch Verantwortung verbunden. Es ist eine Illusion zu meinen, der Suizid beträfe nur den Suizidalen selbst. Jede Handlung hat Konsequenzen für Dritte – auch der Suizid.

Es gibt einen sehenswerten Film, der das auf anrührende Weise verdeutlicht: „Ist das Leben nicht schön?" (im Original: *It's a Wonderful Life*), eine US-Produktion aus dem Jahr 1946 unter der Regie von Frank Capra, basierend auf der Kurzgeschichte „The Greatest Gift" von Philip Van Doren Stern. Dieser bekannte Weihnachtsfilm (die Schlüsselszene spielt an Heilig Abend und es geht u.a. um einen Engel, der endlich aufsteigen will – und dafür Flügel braucht) stellt anhand des Protagonisten exemplarisch den Menschen als *ens sociale* vor.

George Bailey (gespielt von James Stewart) ist ein guter Mensch. Ausgerechnet am Heiligabend verliert er seinen Lebensmut. Ein Fehler mit großer Tragweite lässt ihn am Sinn des Lebens zweifeln. Er beschließt, von einer nahegelegenen Brücke ins Wasser zu springen, um sich zu töten. Plötzlich fällt ein älterer Herr ins Wasser, in Bailey triumphiert für den Augenblick der gute Mensch, der für Andere da ist, und er rettet den Mann, der Bailey damit am Suizid hindert, aus den Fluten.

Der Gerettete stellt sich ihm als sein Schutzengel vor. Bailey glaubt ihm zunächst nicht, sieht in ihm aber einen willkommenen Gesprächspartner, dem er sein Leid klagen kann. Als er sein Leben auf die Formel bringt, alle ins Unglück zu stürzen und es daher wohl besser gewesen wäre, nie geboren worden zu sein, zeigt ihm der Engel, wie sich alles entwickelt hätte – ohne ihn, George Bailey.

Bailey hat nun die (einmalige) Chance, den Lauf der Welt ohne ihn zu betrachten und muss feststellen, dass er in vielen Kontexten fehlt, dass er an schier allen Ecken und Enden gebraucht wird, dass zahlreiche Menschen ihn und seine Hilfe schmerzlich vermissen, dass Projekte ohne ihn scheitern, ja, dass die ganze Stadt ohne ihn eine andere, eine schlechtere wäre. Er erfährt so seine Bedeutung *für Andere* und erkennt den Wert seines Lebens. Das ruft in ihm die Verantwortung wach und er beschließt, seinem Leben doch kein Ende zu machen. Der Status Quo ist wieder hergestellt, die Anderen sind nun für ihn da und helfen ihm aus seiner misslichen Lage – und der Engel erhält seine sehnlichst erwünschten Flügel.

Jenseits der wirklich anrührenden Geschichte wird deutlich, wie mannigfaltig all jene menschlichen Beziehungen sind, die bei einem Suizid zugleich mitbeendet werden. Bailey entdeckt, dass das Leben schön ist – weil er es nicht alleine lebt, weil Andere ihn brauchen, weil er ihnen etwas bedeutet. Wenn es einen Film gibt, den wirklich jeder Mensch mindestens einmal gesehen haben sollte, dann wohl diesen: „Ist das Leben nicht schön?"

Exkurs: Die Menschheit als Netzwerk

Jeder Mensch ist eingebettet in ein gigantisches, komplexes Netzwerk von Beziehungen. Wir sind alle miteinander verbunden. Wir haben – über durchschnittlich sechs Ecken – Kontakt zu jedem anderen Menschen. Das sogenannte *Jeder-kennt-jeden-Gesetz* stammt noch aus einer Zeit vor den Sozialen Medien, die es dann eindrucksvoll bestätigt haben: Bereits 1967 prägte es der US-amerikanische Psychologe Stanley Milgram.

Und: Es funktioniert. Denken Sie sich einen Menschen, mit dem Sie garantiert noch nie Kontakt hatten und aller Wahrscheinlichkeit auch in Zukunft nicht haben werden. Nehmen wir mal Kim Jong-un, den nordkoreanischen Diktator. Er hat sich – Sie werden es über die Medien erfahren haben – mit US-Präsident Donald Trump getroffen. Trump wiederum hatte Kontakt zu unserer Bundeskanzlerin Angela Merkel. Nun werden die wenigsten Frau Merkel persönlich kennen, aber bisher sind es ja auch nur zwei „Ecken", um die wir gegangen sind. Gehen wir weiter: Angela Merkel kennt sicherlich den Landesvorsitzenden der CDU Ihres Bundeslandes, der wiederum den Kreisvorsitzenden der CDU in ihrem Landkreis oder Ihrer Stadt kennt, eine Person, die – wenn Sie sie nicht persönlich kennen – sicher Kontakt mit Menschen hat, die Sie persönlich kennen: Mitglieder an der Basis, örtliche Gewerbetreibende, regional verwurzelte Kulturschaffende und Sportler. Fünf Ecken braucht es also (höchstens), um eine Verbindung von Ihnen (und jedem anderen Menschen) zu Kim Jong-un herzustellen, einem der *asozialsten* Menschen, die je auf unserer Erde gelebt haben. Das geht auch historisch: Sie werden erstaunt sein, wie schnell Sie bei Hitler, Goebbels oder Eichmann landen.

Freilich kann man jetzt einwenden: Was geht es Kim Jong-un an, wenn ich mir das Leben nehmen will? Was schulde ich Donald Trump? Es ist sicher richtig, dass man ab einem gewissen Grad an Beziehungsferne keine unmittelbare Verantwortlichkeit mehr spürt und damit auch keine Verantwortung motivieren kann. Mein Fünf-Ecken-Beispiel sollte lediglich zeigen, dass wir mit der Haltung, ein isoliertes Leben zu führen, in dem wir uns ausschließlich selbst bestimmen, wenn wir Selbstbestimmung zur Maxime unseres Handelns machen, ganz falsch liegen. Unser Handeln betrifft immer auch Andere, hat Folgen für Dritte. Die Nachricht von einem Suizid zieht Kreise und erfüllt auch Menschen mit Traurigkeit, die den Toten gar nicht (oder nicht so gut) kannten. Auch das zeigt: Der Mensch ist ein *ens sociale*.

Von jedem Suizid sind Dritte betroffen. Was für den Suizid gilt, gilt natürlich in besonderer Weise für die Suizidbeihilfe. Hier werden Dritte unmittelbar mit in die Handlung einbezogen. Die Selbstbestimmung untergräbt faktisch die Selbstbestimmung Dritter, indem sie diese – wie oben aufgewiesen – mindestens in schwerwiegende Gewissenskonflikte bringt, wenn nicht gar (je nach Ausgestaltung der Rechtslage) mit einer gesetzlichen „Hilfspflicht" konfrontiert.

Das BVerfG erkennt in seinem Beschluss diese mannigfaltige Bezogenheit des sterbewilligen Menschen und die Relationalität seiner Selbstbestimmung durchaus an, wie Eberhard Schockenhoff in seiner Urteilsanalyse für *Communio* betont: „Das Gericht anerkennt auch, dass menschliche Entscheidungen auf vielfältige Weise von gesellschaftlichen und kulturellen Faktoren beeinflusst werden und Autonomie und Selbstbestimmung daher nur relational im Bezogen-Sein auf andere auszuüben sind. Aus dem relationalen Charakter menschlicher Autonomie leitet das Gericht aber nicht die Verpflichtung der Gesellschaft ab, den Sterbenden in ihrer Mitte Raum zu geben und sie durch palliativmedizinische Betreuung, mitmenschliche Nähe und, wo immer möglich und erwünscht, geistliche Begleitung, auf der letzten Wegstrecke ihres Lebens zu begleiten. Vielmehr realisiert sich die relationale Einbettung von Autonomie und Selbstbestimmung in Mitmenschlichkeit, Solidarität und Hilfeleistung bereits dadurch, dass eine zum Suizid entschlossene Person zur Verwirklichung ihres Wunsches die Hilfe von Dritten annehmen darf". Das reicht heutzutage in Deutschland. Das BVerfG lässt am Ende die individuelle Selbstbestimmung in einer schier grenzenlosen Reichweite gelten. Kein

Sollen korrigiert das Wollen. Steht am Ende dieses Denkens paradoxerweise ein unausgesprochenes *Müssen*?

Selbstbestimmung und Fremdbestimmung

Robert Spaemann meinte einmal, mit dem Recht, Sterbehilfe beanspruchen beziehungsweise leisten zu können, korrespondiere die Pflicht zur Rechtfertigung, warum man dies dann nicht auch tut, wenn die Voraussetzungen vorliegen. Das gilt für Sterbende und deren Angehörige, aber auch für die betreuenden Ärzte. Schließlich geht man mit einer palliativmedizinischen Pflege einen langen steinigen Weg, statt die Abkürzung über die „goldene Brücke" zu nehmen. Der Rechtfertigungsdruck, der entsteht, präjudiziert die Entscheidung, die dann keine selbstbestimmte, sondern nur noch eine zwar selbst geäußerte, zuvor aber sozial adaptierte und verinnerlichte ist.

Auch das BVerfG sieht diese Gefahr, wie Schockenhoff anmerkt, indem es im Beschluss dem Gesetzgeber, der das kassierte Verbot der gewerblichen Sterbehilfe nach § 217 StGB erlassen hatte, zumindest zugesteht, damit ein „legitimes Ziel" verfolgt zu haben, „das im Rahmen seines Schutzauftrages für das Leben sogar geboten ist, wenn er verhindern will, dass der assistierte Suizid in der Gesellschaft wie ein normales Dienstleistungsangebot wahrgenommen wird". Schließlich werde dem Parlament vom BVerfG attestiert, „auch die Befürchtung autonomiegefährdender sozialer Pressionen sei nachvollziehbar, wenn die Inanspruchnahme geschäftsmäßiger Suizidhilfe zu einer gesellschaftlich üblichen Form der Lebensbeendigung werde". Denn, so folgt Schockenhoff den Bedenken Spaemanns, die Gefahr der Beweislastumkehr im Hinblick auf den „Lebenswunsch" bestehe in der Tat: „All diejenigen, die von

110

diesem Anspruch keinen Gebrauch machen möchten, geraten nämlich durch die gesellschaftliche Akzeptanz des assistierten Suizids in die Situation, Gründe geltend machen zu müssen, die ihr Weiterleben rechtfertigen können. Ihnen wird damit eine Beweislast auferlegt, der letztlich niemand in vollem Umfang genügen kann". Doch das ist nicht nur Anti-Spaemann, sondern auch Anti-Kant: „Wenn Schwerkranke und Sterbende in die Lage geraten vor sich selbst und vor den anderen begründen zu müssen, warum sie ihr Dasein trotz Krankheit, Leid und hohem Pflegeaufwand für lohnend halten, ist es um die bedingungslose Anerkennung ihres selbstzwecklichen Daseins bereits geschehen". Wir erinnern uns: Der Mensch ist nach Kant Zweck an sich, nach Dürig ist er Subjekt und bleibt es, eingedenk seiner Nichtobjektivierbarkeit, die sich in seiner Würde manifestiert. Mit dieser Rechtfertigungspflicht wäre also nicht weniger als die Würde des Menschen verletzt – wenn und soweit sie eben als *bedingungslos* gelten soll.

Aus einer bestimmten Norm, die mit durchaus guten Absichten gemacht wird, erwächst letztlich ein nicht zu kontrollierendes gesellschaftliches Klima, in dem unerwünschte Effekte eintreten, die – und das ist entscheidend – normativ nicht wieder einzuholen sind. Die Folgen zeigen sich in der Alltagsmoral, im Umgang mit kranken und alten Menschen, aber auch mit deren Angehörigen, die ja schließlich „etwas tun" könnten. So entsteht Druck – auf die Sterbenden und auf die Angehörigen – und zugleich Ächtung der möglicherweise mangelnden „Konsequenz", des fehlenden „Mutes", dem „Leid", das zur „Last" wird, doch endlich mal „aktiv" zu begegnen. Wer einen (demenzkranken) Greis dann doch noch bis zuletzt liebevoll umsorgt, hat in diesem Klima nur noch mit Mitleid, Unverständnis und letztlich mit Verachtung zu rechnen. Denn „sowas" ist doch „heute nicht mehr nötig".

Druck und Ächtung – das geschieht auf Ebenen des Zusammenlebens, die sich selbst kaum regeln lassen, gleichwohl diese Phänomene Frucht einer gesetzlichen Regelung sein können. Ich fürchte, dass mit der Akzeptanz von Sterbehilfe in Form einer entsprechend modifizierten Rechtslage gemäß des BVerfG-Beschlusses zu § 217 StGB der Druck auf kranke und alte Menschen, doch bitte „sozialverträglich" aus dem Leben zu scheiden, beziehungsweise die Ächtung von Angehörigen und Ärzten, die ihnen dabei nicht helfen wollen, immer mehr zunehmen werden. Diese Gefahr besteht, ganz real. Dort, wo aktive Sterbehilfe legalisiert wurde, ist sie keine Gefahr mehr, sondern Realität, etwa in unserem so euthanasiefreundlichen westlichen Nachbarland. Den verkappten Paternalismus hinter der Rede von Selbstbestimmung deckt Gerbert van Loenens in seinen Arbeiten zur Situation in den Niederlanden schonungslos auf. Formulierungen wie „Du kannst ja sterben – und wenn du nicht willst, dann jammere auch nicht!", gehören dort nicht in die Drehbücher billiger Horrorfilme, sondern zum Alltag. Hier zeigt sich nicht nur, wie aktive Sterbehilfe zu Fremdbestimmung führt, hier zeigt sich vor allem eines: Wo die Möglichkeit gegeben ist, den Tod zu „wählen", wird das Leben unerträglich. Das Drama geht indes noch viel weiter: Schockenhoff schreibt in *Ethik des Lebens*, dass in den Niederlanden bereits seit den 1980er Jahren etwa 1000 Fälle von „nicht-selbstbestimmter Sterbehilfe" jährlich zu verzeichnen sind. Tausendfaches Töten von Menschen unter dem Deckmantel der Euthanasie, ohne dass die Getöteten der ärztlichen Tötungshandlung zugestimmt hätten. Im Lichte dieser Zahlen erscheint das Urteil des Hoge Raad vom 21. April 2020 gar nicht mehr so unglaublich, legitimiert es doch lediglich eine in Holland offenbar längst etablierte Praxis.

Auch die Deutsche Bischofskonferenz warnte jüngst vor den Konsequenzen, die eine Legalisierung der aktiven Sterbehilfe haben könnte. Der „innere und äußere Druck auf alle Alten, Schwerkranken und Pflegebedürftigen, von derartigen Optionen Gebrauch zu machen", könnte zunehmen, heißt es in der DBK-Informationsbroschüre *Sterben in Würde. Worum geht es eigentlich?*

Unter dem Banner der Selbstbestimmung entsteht ein Klima der Fremdbestimmung und der permanenten diskursiven Weiterung im Blick auf potenzielle Anwendungsfälle. Eberhard Schockenhoff verweist in *Ethik des Lebens* auf eine Studie, die zu der Schlussfolgerung kommt, „dass die rechtliche Zulassung von ärztlicher Suizidbeihilfe und der Tötung auf Verlangen zu einer sozialen Praxis führt, der eine Ausweitungstendenz auf Personenkreise (Einwilligungsunfähige, Minderjährige, psychisch Kranke, Personen außerhalb der Sterbephase) innewohnt, die ursprünglich von dieser Praxis ausgenommen bleiben sollten". Das Beispiel der Entwicklung in den Niederlanden, deren vorläufiger Höhepunkt der Beschluss des Hoge Raad bildet, mag hier als Beleg (und zur Abschreckung) genügen.

Mitleidensdruck

Selbstbestimmung – wie sie diejenigen auffassen, die meinen, je mehr Möglichkeiten für die aktive Gestaltung des Lebensendes erlaubt sind, desto mehr werde man der Würde des Menschen gerecht – gibt es in dieser Form nicht, zumindest nicht in sinnvoller Weise. Wenn wir davon ausgehen, dass der eigentliche Sterbewunsch nicht autonom sein kann, weil die Person von vielen Aspekten (inneren Gefühlslagen wie Angst oder Schmerz, aber auch Druck von außen etc.) fremdbestimmt (oder zumindest in seiner vollen Selbstbestimmungsfähigkeit eingeschränkt) wird, dann können wir diesen Wunsch nicht allen Ernstes als Ausdruck von Freiheit ansehen, den zu akzeptieren (und zu unterstützen) ihrer Würde gemäß sei. Es ist offenkundig, dass das Urteil über den eigenen „Lebensunwert" des Suizidalen nur mit sehr viel Zynismus als Selbstbestimmung verklärt werden kann – mit Würde hat das nichts zu tun, schon gar nicht mit Empathie und Zuneigung.

Wenn es wirklich das Mitgefühl mit dem Suizidalen wäre, das Angehörige leitete, würden sie kaum die Selbstbestimmung als Joker ziehen, sondern versuchen, den geliebten Menschen zu einem anderen Urteil über sich kommen zu lassen. Es drängt sich der Verdacht auf, dass die Selbstbestimmung zum Alibi für Angehörige wird, die in erster Linie mit sich selbst Mitleid haben, weil *sie* das Leid nicht mehr ertragen, geschweige denn, mittragen wollen.

Mitleid im echten, im christlichen Sinne löst Fürsorge aus. Dafür hat der Mensch im Paradigma einer utilitaristischen Glückskonzeption kein Verständnis, wohl aber dafür, aus Selbstmitleid zu töten oder zumindest dabei mitzuhelfen. Schockenhoff hat es in *Ethik des Lebens* gut auf den Punkt gebracht: „Wer ein Menschenbild vertritt, in dem sich der ,Wert' des Lebens über Individuengrenzen hinweg aus dem Beitrag zur Gesamtsumme des Glücks errechnet, kann in der Bereitschaft, unabwendbares Leid mitzutragen, keinen Sinn mehr erkennen. Er muss daher den Begriff des Mitleids in sein Gegenteil verkehren, indem er den Gedanken der Solidarität *im* Leiden daraus eliminiert und so die Tötung eines anderen Menschen aus Mitleidserwägungen legitimiert".

Das steht in offenem Widerspruch zu dem, was die christliche Lebensethik schlussendlich fordert: Selbstbegrenzung. Wir sollten unsere Grenzen kennen und sie annehmen. Maß halten bedeutet eben auch Verzicht, soweit er einer „kultivierten Lebensordnung" dient. Schockenhoff meint, dass wir „nicht allen Wünschen und Bedürfnissen nachgeben dürfen", denn: „Auch in der Tugend des rechten Maßes, die in dem Ensemble lebensförderlicher Einstellungen neben Staunen und Ehrfurcht, Fürsorge, Solidarität und Mitleiden tritt, geht es um die Bejahung des Lebens – um ein Ja, das Maß nimmt an dem guten Gott und seiner Schöpfung und dem endlichen Menschen Raum gibt, in seinen Grenzen zu leben".

Zusammenfassung

Vordergründig betrachtet ist der BVerfG-Beschluss ein Sieg der Selbstbestimmung. Doch auf den zweiten Blick entpuppt sich dieser Sieg als Triumph der mittelbaren Fremdbestimmung und des ohnehin stetig wachsenden gesellschaftlichen Drucks auf Kranke und Alte. Ein sehr hoher Preis. Es wird deutlich: Selbstbestimmung – als absoluter Wert – verfängt nicht. Selbstbestimmung – so verstanden – ist eine hübsche Mogelpackung ohne Inhalt.

Der Bioethiker Stefan Rehder nennt die Selbstbestimmung, die dem BVerfG-Beschluss zugrunde liegt, „pure Fiktion" und gibt zu bedenken: „Auch wer, anders als etwa Kant, Autonomie frei von Pflichten gegen sich selbst denkt, auch, wer sich – im

Gegensatz zu christlichen Denkern – als Eigentümer seines Lebens versteht und dabei die Frage ausklammert, wann und wodurch er dieses Eigentum eigentlich erworben hätte, muss sich die Frage gefallen lassen, wie es möglich sein soll, ausgerechnet die Vernichtung des eigenen Selbst als Akt zu betrachten, mit dem dieses sich bestimme?"

Abtreibung, Suizid und Sterbehilfe sind vor Gott und dem Menschen nicht zu verantworten, nicht vor dem anderen Menschen, nicht vor der „Menschheit" (Kant) in mir. Der Selbstbestimmung ist eine Grenze gesetzt: die Würde. Weiterhin: Selbstbestimmung im Zusammenhang mit Sterbehilfe führt zu Fremdbestimmung. Am Ende des Weges steht nicht weniger, sondern mehr Bevormundung. Eine völlig neue Art Paternalismus erhält Einzug.

Besonders Pflegern und Ärzten kann die Situation einer normativ auferlegten Assistenzpflicht nicht zugemutet werden. Zudem: Wenn man Selbstbestimmung wirklich ernst nähme, dürfte es keine Zusatzbedingungen zum autonomen Willen geben. Diese sind sicher vernünftig, sie zeigen aber, dass Selbstbestimmung als Argumentationsfigur für sich genommen nicht taugt. Das Gravierendste ist jedoch, dass Sterbehilfe zur Erhöhung des Rechtfertigungsdrucks und zur Entsolidarisierung mit Alten, Kranken, Behinderten und Suizidalen führt. Das müssen wir derzeit in den Niederlanden beobachten, wo die Zahl der Suizide in den letzten sechs Jahren um über ein Drittel anstieg. Das steht für Deutschland zu erwarten, vielmehr: zu befürchten.

Die Angehörigen, vor allem jedoch die betroffenen Menschen selbst, geraten durch die Möglichkeit der Sterbehilfe unter einen kaum kalkulierbaren psychischen und sozialen Druck. Das schreiben nicht nur Robert Spaemann und Eberhard Schockenhoff, das sagt auch – gewissermaßen als Stimme aus der Praxis – die *Caritas*, deren Präsident Peter Neher am 15. Juni 2020 in der *Neuen Osnabrücker Zeitung* vor einem steigenden Druck durch das BVerfG-Urteil warnte. Dieses erwecke den Eindruck, „Selbsttötung wäre eine legitime Alternative bei schwerer Erkrankung oder Einsamkeit", so Neher, der seine Dissertation zum Thema Sterben und Sterbebegleitung geschrieben hat. Er befürchtet, damit „könnte ein Mensch in die Situation gebracht werden, in der ausgesprochen oder implizit von ihm erwartet wird: Mach deinem Leben endlich Schluss". Vor allem „der Druck auf alte und schwer kranke Menschen kann dadurch steigen, die Möglichkeit der assistierten Selbsttötung in Anspruch zu nehmen".

Die *Caritas* fordert nach der problematischen BVerfG-Entscheidung eine intensive gesellschaftliche Debatte über den Wert des Lebens. Mein Appell lautet: Kranke, behinderte und alte Menschen sollen sich nicht rechtfertigen müssen, wenn sie noch leben und auch weiter leben wollen. Sterben ist Teil des Lebens, an dessen Ende nur der natürliche Tod stehen darf. Gute Palliativmedizin mit optimaler Schmerzmittelversorgung macht Sterbehilfe überflüssig.

Schlussbemerkung

Die Würde des Menschen kommt nicht vom Menschen, sondern von Gott. Das sagt uns die Schöpfungstheologie. Die Freiheit des Menschen ist gebunden an Gott. Das sagt uns die Christologie. Und Selbstbestimmung ist verkappte Fremdbestimmung. Das sagen uns der katholische Philosoph Robert Spaemann und der katholische Theologe Eberhard Schockenhoff.

All dies hat das BVerfG in seinem Beschluss implizit zurückgewiesen oder explizit verworfen. Dazu Schockenhoff: „Die inhaltliche Begründung des Urteils kommt der Position der Sterbevereine sowie der freien Weltanschauungsgemeinschaften, die ihre Klage unterstützten, sehr nahe. Fast gewinnt man den Eindruck, das Gericht habe sich zum Sprachrohr ihrer Forderungen gemacht und ihrem Verständnis von Menschenwürde, Autonomie und Selbstbestimmung weithin angeschlossen". Das bedeutet rechtsmethodisch konkret: „Die Urteilsbegründung beschreitet nicht den mühsamen Weg der Abwägung kollidierender Rechtsgüter, sondern lässt in einem einfachen Kettenschluss oberste Rechtsprinzipien wie die Menschenwürde, das allgemeine Persönlichkeitsrecht und die allgemeine Handlungsfreiheit durch einfache Ableitung auseinander hervorgehen". Die Folge: „Das Recht auf selbstbestimmtes Sterben erfährt auf diese Weise eine erstaunliche Aufwertung". Denn: „Konnte man bisher davon ausgehen, dass die Rechtsordnung den Entschluss eines Suizidwilligen, das eigene Leben zu beenden, nur toleriere und sanktionslos hinnehme, erweckt das Urteil den Eindruck, dass es das Recht auf selbstbestimmtes Sterben *in die innerste Mitte der gesamten Architektur der*

118

Freiheits- und Persönlichkeitsrechte unserer Verfassung auf-nehmen wolle" (Hervorhebung im Original).

Der Moraltheologe ist vor allem überrascht, wie nonchalant das BVerfG die Thematik abhandelt, ohne zumindest zwischen den Zeilen irgendein Bedauern erkennen zu lassen. Das jedoch wäre nicht nur verständlich, sondern auch angemessen gewe-sen, weil es zutiefst menschlich ist, die Selbsttötung eines Menschen gerade nicht als heroischen Akt klaglos oder gar respektvoll hinzunehmen, sondern immer als eine Niederlage für Menschlichkeit und Menschheit zu sehen, ganz im Sinne des Christentum und der Ethik Kants. Das BVerfG mache sich stattdessen, so Schockenhoff, die „Freitod"-Tradition zu eigen.

Dennoch sieht Schockenhoff Licht in der Entscheidung des Ge-richts: In den eher abwägenden und bedenkentragenden Passa-gen entstehe der Eindruck, als hoffe das BVerfG, der Gesetz-geber werde „sein Urteil nicht klaglos akzeptieren, sondern die dadurch entstehende Unwucht hinsichtlich der rechtlichen Be-handlung von Suizidwünschen und geschäftsmäßigen Beihilfe-angeboten durch Nachbesserungen wieder korrigieren". Das sei alles in allem nicht ganz fair von unserem höchsten Gericht: „Für sich selbst reklamierte es das Vorrecht, das selbstbe-stimmte Sterben unter Mitwirkung Dritter in den Rang einer letztgültigen Verwirklichung von Freiheit und Würde zu erhe-ben. Dem Gesetzgeber überließ es dagegen die undankbare Aufgabe, nach Mitteln und Wegen zu suchen, die der Ent-stehung eines gesellschaftlichen Erwartungsdrucks entgegen-wirken sollen, der schwer kranke und sterbende Menschen dem Zwang zur Rechtfertigung ihres Dasein aussetzt".

Welches Mittel und welchen Weg gibt es denn im Umgang mit Schmerz und Leid im Alter? Antwort: den Trost und die Begleitung.

Zunächst: Wenn es nicht um Hilfe *zum* Sterben gehen darf, so muss es um Hilfe *beim* Sterben gehen. Ich erinnere an das berühmte Diktum Horst Köhlers vom Menschen, der *an der* Hand, nicht *durch die* Hand der Angehörigen sterben sollte. Es lohnt sich, diese Aussage im Kontext seiner vielbeachteten Rede zu lesen, die er als Bundespräsident bei der Fachtagung der Bundesarbeitsgemeinschaft Hospiz am 8. Oktober 2005 in Würzburg gehalten hat: „Soll wirklich aktive Sterbehilfe die Antwort sein, wenn Menschen befürchten müssen, am Ende ihres Lebens mit ihren Leiden allein gelassen zu werden oder anderen zur Last zu fallen? Ich bin der festen Überzeugung: Das darf die Antwort nicht sein. Ein Sterben in Würde zu sichern, ist eine Aufgabe für unsere ganze Gesellschaft. Wir müssen wieder lernen: Es gibt viele Möglichkeiten, sterbenskranken Menschen beizustehen, ihre Leiden zu lindern und sie zu trösten. Vor allem gilt: Wir dürfen sie nicht allein lassen. Nicht durch die Hand eines anderen sollen die Menschen sterben, sondern an der Hand eines anderen".

Robert Spaemann meinte in diesem Kontext: „Die Hospizbewegung, nicht die Euthanasiebewegung ist die menschenwürdige Antwort auf unsere Situation". Denn: „Wo Sterben nicht als Teil des Lebens verstanden und kultiviert wird, da beginnt die Zivilisation des Todes". Und die kann kein Mensch wollen.

Wir brauchen Fachpersonal, das als Sterbebegleiter den letzten Weg mitgeht, keine Tötungsgehilfen, die beim Suizid assistieren. Die Hospizbewegung ist daher die menschenwürdige

Antwort auf die demographische Entwicklung, nicht die Sterbehilfe. Schließlich gilt, was Eberhard Schockenhoff zum Ab-
schluss seiner Analyse in *Communio* schreibt, dass nämlich
„auch darin, wie eine Gesellschaft mit den Sterbenden in ihrer
Mitte umgeht", sich der „Maßstab von Humanität, Würde und
Freiheit" zeige, an dem sich diese Gesellschaft selbst „messen
lassen muss". Und *Caritas*-Präsident Peter Neher fordert in
diesem Sinne, „die Maßnahmen der Palliativversorgung zu
stärken".

Nachwort

Ich habe viel Verständnis für die Debatte. Und ich betrachte sie nicht aus den Höhen des Elfenbeinturms. In den letzten Jahren durfte ich intensive persönliche Erfahrungen in der Begleitung eines schwer kranken Menschen machen.

„Das ist doch kein Leben mehr!" – Ich erwische mich auch schon mal bei diesem Gedanken, wenn ich bei meinem dementen Vater bin und meine Mutter bei der übermenschlich anstrengenden Pflegearbeit nach Kräften zu unterstützen versuche. Ich kenne Mitleid mit meinem Vater, mit meiner Mutter – und auch mit mir.

Das Aushalten der Situation bringt an Grenzen – physisch, psychisch und emotional. Aber das Überschreiten dieser Grenzen ist keine Option – auch nicht auf Wunsch des geliebten Menschen.

Darf man ihm diesen Wunsch abschlagen? Nein – man *muss* es! Es gibt Dinge, die man von Niemandem verlangen darf: Sterben zu wollen oder beim Sterben helfen zu sollen. Sterbehilfe ist keine Option.

Vielleicht gibt es ja doch noch den einen oder anderen schönen Augenblick, für den sich all die Mühe lohnt. Und selbst, wenn das nicht mehr zu erwarten ist – eine Entscheidung für das Leben ist immer die richtige Entscheidung. Es gibt keine andere, die vor Gott und dem Menschen vertretbar ist.

Dem gläubigen Christen mag es in den ganz schweren Moment helfen, Jesus als Begleiter zu spüren – oder Jesus um Begleitung zu bitten. Er, der schon einmal einen schweren Weg gegangen ist – hinauf nach Golgata – geht jeden noch so schweren Weg mit. Er, der die Emmaus-Jünger begleitete und bei ihnen blieb, als es Abend wurde, er bleibt auch bei uns, wenn es dunkel wird.

Sein Schrei am Kreuz „Mein Gott, mein Gott, warum hast Du mich verlassen!" übertönt jeden Schrei des Menschen. Und seine Auferstehung zeigt: Das Leben hat das letzte Wort. Nehmen wir es daher Niemandem weg – auch nicht uns selbst.

Vor pflegenden Angehörigen habe ich den allergrößten Respekt. Ein Jahr mit einem schwer Demenzkranken zusammenzuleben und ihn nicht ins Heim zu geben, ist für mich eine Leistung, die mit den größten kulturellen Leistungen des Menschen vergleichbar ist.

All diesen Menschen möchte ich Mut machen, nicht zuletzt mit den Gedanken dieses Buches. Mut zum Leben – und zum Leben lassen.

Literatur

Die Bibel

Zugrunde liegt die „Einheitsübersetzung".

Kirchliche Dokumente

Katechismus der Katholischen Kirche

Zweites Vatikanisches Konzil: Dignitatis humanae

Deutsche Bischofskonferenz:
- Sterben in Würde. Worum geht es eigentlich?
- (zusammen mit der EKD) Gott ist ein Freund des Lebens

Klassiker

Aristoteles: Nikomachische Ethik

Georg Wilhelm Friedrich Hegel: Vorlesungen über die Philosophie der Geschichte

David Hume: Of National Characters

Gottfried Wilhelm Leibniz: Die Theodizee. Von der Güte Gottes, der Freiheit des Menschen und dem Ursprung des Übels

Immanuel Kant
- Kritik der reinen Vernunft
- Grundlegung zur Metaphysik der Sitten
- Beobachtungen über das Gefühl des Schönen und Erhabenen
- Beantwortung der Frage: Was ist Aufklärung?

Charles de Montesquieu: Vom Geist der Gesetze

Platon: Phaedos

Sokrates: Xenophon

Friedrich Spee von Langenfeld: Cautio criminalis oder rechtliches Bedenken wegen der Hexenprozesse

Thomas von Aquin: Summa theologica

Sekundärliteratur

Robert Alexy: Theorie der Grundrechte. Baden-Baden 1985.

Arnold Angenendt: Toleranz und Gewalt. Das Christentum zwischen Bibel und Schwert. Münster 2009.

Ulrich Barth: Herkunft und Bedeutung des Menschenwürdekonzepts. Der Wandel der Gottebenbildlichkeitsvorstellung, in: Religion in der Moderne. Tübingen 2003.

Beate Beckmann-Zöller: Die befreiende Botschaft Christi in der Begegnung mit dem Islam. Hannoversch Münden 2016.

Heiner Bielefeldt: Autonomie, in: Marcus Düwell, Christoph Hübenthal, Micha H. Werner (Hg.): Handbuch Ethik. Stuttgart 2006.

Peter Bieri:
- Das Handwerk der Freiheit. Über die Entdeckung des eigenen Willens. München 2001.
- Untergräbt die Regie des Gehirns die Freiheit des Willens?, in: Martin Heinze, Thomas Fuchs, Friedel M. Reischies (Hg.): Willensfreiheit – eine Illusion? Naturalismus und Psychiatrie. Lengerich 2006.

Robin Blackburn: The Making of New World Slavery. From the Baroque to the Modern 1492-1800. London, New York 1997.

Manfred Buhr, Georg Klaus (Hg.): Philosophisches Wörterbuch. Leipzig 1964.

Jörg Dierken: Freiheit als religiöse Leitkategorie. Protestantische Denkformen zwischen Luther und Kant, in: Jörg Dierken, Arnulf von Scheliha (Hg.): Freiheit und Menschenwürde. Studien zum Beitrag des Protestantismus. Tübingen 2005.

Horst Dreier (Hg.): Grundgesetz-Kommentar. Tübingen 2018.

Günter Dürig:
- Der Grundrechtssatz von der Menschenwürde, in: Archiv für öffentliches Recht 81 (1956).
- (zusammen mit Theodor Maunz): Grundgesetz. Kommentar. München 1958.

Egon Flaig: Sklaverei, in: Historisches Wörterbuch der Philosophie 9 (1995).

Thomas Gil: Paradoxien des Handelns. Berlin 2002.

Ludger Honnefelder: Menschenwürde und Transzendenzbezug, in: Deutsche Zeitschrift für Philosophie 57 (2009).

Hans Joas: Die Sakralität der Person. Eine neue Genealogie der Menschenrechte. Berlin 2011.

Horst Köhler: Rede bei der Fachtagung der Bundesarbeitsgemeinschaft Hospiz am 8. Oktober 2005 in Würzburg (http://www.bundespraesident.de/SharedDocs/Reden/DE/Horst -Koehler/Reden/2005/10/20051008_Rede_Anlage.pdf).

Andrea M. Leiter, Magdalena Thöni, Hannes Winner: Der „Wert" des Menschen. Eine ökonomische Betrachtung, in: Körperbilder. Kulturalität und Wissenstransfer. Subjekt und Kulturalität. Frankfurt a. M. 2011.

Claude Lévi-Strauss: Strukturelle Anthropologie II. Frankfurt a. M. 1975.

Gerbert van Loenens:
- Das ist doch kein Leben mehr! Warum Sterbehilfe zu Fremdbestimmung führt. Frankfurt a. M. 2014.
- „Das ist doch kein Leben mehr!" Sterbehilfe in den Niederlanden, in: Rainer Beckmann, Claudia Kaminski, Mechthild Löhr (Hg.): Es gibt kein gutes Töten. Acht Plädoyers gegen Sterbehilfe. Waltrop, Leipzig 2015.

John R. McKivigan: Christian Perspectives on Slavery, in: Seymour Drescher, Stanley L. Engerman (Hg.): A historical Guide to World Slavery. New York, Oxford 1998.

Stefan Rehder: Mehr Schopenhauer, weniger Nietzsche, in: Die Tagespost. Katholische Wochenzeitung (18. Juni 2020).

Arnulf von Scheliha: „Menschnwürde" – Konkurrent oder Realisator der Christlichen Freiheit? Theologiegeschichtliche Perspektiven, in: Jörg Dierken, Arnulf von Scheliha (Hg.): Freiheit und Menschenwürde. Studien zum Beitrag des Protestantismus. Tübingen 2005.

Melanie Heike Schmidt: Caritaspräsident Neher: Ein gutes Sterben beginnt im Leben (Interview), in: Neue Osnabrücker Zeitung (15. Juni 2020).

Eberhard Schockenhoff:
- Ethik des Lebens. Grundlagen und neue Herausforderungen. Freiburg i. Br. 2009.
- Selbstbestimmtes Sterben als unmittelbarer Ausdruck der Menschenwürde? In: Communio (Mai 2020).

Peter Singer: Practical Ethics. Cambridge 1979.

Wolbert Smidt:
- Afrika im Schatten der Aufklärung. Das Afrikabild bei Immanuel Kant und Johann Gottfried Herder. Bonn 2000.
- Die philosophische Kategorie des Läppischen und die Verurteilung der Afrikaner durch Kant, in: Stichproben. Wiener Zeitschrift für kritische Afrikastudien 4 (2004).

Robert Spaemann: Es gibt kein gutes Töten, in: Rainer Beckmann, Claudia Kaminski, Mechthild Löhr (Hg.): Es gibt kein gutes Töten. Acht Plädoyers gegen Sterbehilfe. Waltrop, Leipzig 2015.

Hannes Spengler: Kompensatorische Lohndifferentiale und der Wert eines statistischen Lebens in Deutschland, in: Zeitschrift für Arbeitsmarktforschung 3 (2004).

Barbara Stolberg-Rillinger: Europa im Jahrhundert der Aufklärung. Stuttgart 2000.

Paul Tiedemann: Was ist Menschenwürde? Eine Einführung. Darmstadt 2006.

William Viscusi: Racial Differences in Labor Market. Values of a Statistical Life, in: Journal of Risk and Uncertainty 27 (2003).

Armin G. Wildfeuer: Freiheit, in: Marcus Düwell, Christoph Hübenthal, Micha H. Werner (Hg.): Handbuch Ethik. Stuttgart 2006.

Jean-Pierre Wils: Würde, in: Marcus Düwell, Christoph Hübenthal, Micha H. Werner (Hg.): Handbuch Ethik. Stuttgart 2006.

Hans Zahrnt: Die Sache mit Gott. Die protestantische Theologie im 20. Jahrhundert. München 1966.

Internetquellen

Die zitierten Aphorismen und Sentenzen fand ich im Internet auf: aphorismen.de, gutezitate.com und gutzitiert.de.

Die erwähnten Gerichtsentscheidungen sind ebenfalls im Internet zu finden:

- Bundesverfassungsgericht, Beschluss vom 26. Februar 2020: https://www.bundesverfassungsgericht.de/SharedDocs/Entscheidungen/DE/2020/02/rs20200226_2bvr234715.html

- Hoge Raad, Beschluss vom 21. April 2020: https://www.rechtspraak.nl/Organisatie-en-contact/Organisatie/Hoge-Raad-der-Nederlanden/Nieuws/Paginas/Arts-mag-gevolg-geven-aan-schriftelijk-verzoek-tot-verlenen-euthanasie-bij-mensen-met-vergevorderde-dementie.aspx.

Zum Autor

Josef Bordat (Dipl. Ing., Dr. phil.) studierte Wirtschafts-
ingenieurwesen, Soziologie und Philosophie in Berlin und
wurde am Institut für Philosophie, Wissenschaftstheorie,
Wissenschafts- und Technikgeschichte der Technische Uni-
versität Berlin promoviert.

Bordat arbeitet als freier Autor, insbesondere zu Fragen im
Spannungsfeld von Ethik, Politik und Recht sowie zum Verhältnis von Religion und Wissenschaft. Veröffentlichungen
zum Thema: Ethik für heute. Moraltheoretische Überlegungen
zu Terrorismus, Menschenrechten und Klimawandel. London
2009; Das Gewissen. Ein katholischer Standpunkt. Bonn 2013;
Ewiges im Provisorium. Das Grundgesetz im Lichte des
christlichen Glaubens. Rückersdorf 2019.

Zeitfracht Medien GmbH
Ferdinand-Jühlke-Straße 7
99095 Erfurt, Deutschland
produktsicherheit@kolibri360.de